JN410053

만월산(滿月産) 호소(虎嘯)

7전8기 88 성상 인생 비하인드 스토리

구연민 수필집

교음사

prologue

풍요와 복을 상징하는 밝고 웅장한 보름달 지구에 가장 가깝게 접근하여 위대함을 감상하기에 한 치의 후회도 없는 보름달, 항상 말이 없으며 얌전한 대갓집 규수 같습니다. 마음 중에 안타까운 작은 사연 하나 간직한 듯 애처로워 보이는 날, 작은 범띠로 태어나 조석으로 사계절 가리지 못하고 어렵게 성장하는 동안 한국의 근현대사 물결 중에 어느덧 87세가 되었습니다.

산전수전 물결 중에 덕불고(德不孤) 필유린(必有隣)을 앞치마 삼아 살아오며 기억에 남는 작은 사연들 모아 힘 빠진 늙은 범띠 인간의 읊조린 소리를 엮어 보았습니다.

예고 없이 쏟아지는 장맛비를 맞으면서도 피하지 않고 겨울에 예상치 못한 폭설이 반신 높이 쌓여도 자연의 섭리로 하느님의 가르침의 한 편 기록으로 거부하거나 역행을 생각지 못했습니다. 일상의 한 부분으로, 길이 없는 깊은 산길에도 모든 걸 하나의 운명으로 매사에 인내와 포용을 앞세우면서 빈 주머니 주먹으로 채워가며 공기와 같이 존재하는 하느님의 은혜를 신봉하면서 자신의 건강과 자손들의 안녕을 기도의 제목으로 자리를 지켜왔습니다.

그동안 직간접적으로 은혜롭게 도와주신 많은 분들에게 보답하고자 작은 마음의 표현으로 정성을 다하여 드리옵니다.

출판되기까지 도와주신 강병욱 대표님과 류진 편집국장님 그리고 많은 분들에게 감사를 드립니다.

2024. 5. 구연민

차례

2. 줄탁동시(啐啄同時)

3. 왜 그러나?

4. 몽돌이 이야기

1

죽음, 한 번의 체험

믿음직한 사회복지사

80 평생을 단독주택에서 살다가 아파트로 이사를 왔다. 주거환경이 변하고 보니 생활의 리듬이 혼성(混成)을 일으키고 있다.

그러니까 1500세대 단지로 이사 온 것이 두 달이 된 셈이다. 단독주택에 비하면 편리한 점이 많아서 삶의 질이 좋아진다고 말하는 사람도 있다. 그러나 아직 아파트 생활에 익숙지 못해서인지 몸이 시름시름 아파진다.

마치 중노동에 시달린 육체적 피로감이라고 하기에는 표현의 비교가 약한 편이다.

30도를 넘나드는 여름 한낮에 갑자기 어지럽고 몸을 가누지 못하게 기운이 다 빠진 쇠약한 노인의 건강 상태라 어찌해야 할까 하고 혼미한 상태에서 우선 생각나는 젊은 사람에게 전화를 해서 사정을 말하고 내가 고정으로 다니는 개인 병원으로 가기를 원하니 잠시 후에 자동차를 가지고 찾아와서 40여 분이나 소요되는 거리에 잘 도착하였다.

그는 아파트 단지에 있는 종합복지관 사회복지사로, 내가 이사 온 후 신규 회원으로 상담차 방문 온 건실한 30대 젊은 청년이다. 새로 이사 오면 의무적으로 방문하여 신상에 관한 여러 가지 내용으로 상담을 한다고 한다. 알고 보니 우리나라의 사회복지가 구체적이고 더불어 공동체적 차원에서 크게 변화를 실행하고 있음을 실감했다.

복지관에서 노인을 위한 여가문화 활동과 건강과 삶의 수준에 맞는 프로그램에 참여하게 되면서 그 사회복지사를 자주 만나게 되니 반갑고 업무 추진에도 차분하게 진행하는 모습이 더욱 믿음이 가게 되니 개인적으로 시간을 내어 대화를 나누게 되어 외로운 나에게는 큰 힘이 되었다.

대화가 빈번하게 이루어지게 되니 사회복지사의 간단한 개인정보 같은 내용도 알고 그에 따른 전문적인 대화까지 나누어 좋은 관계로 이어져 20여 년 전에 사회복지사의 신분으로 사회복지사업을 5년여 동안 운영했던 이야기까지 주고받았다.

사회복지사는 평범한 신분으로 복지관에서 일하는 것보다는 전문성을 가진 사회복지사의 자격을 가지기 위하여 야간에 대학원 교육을 수강하고 있다고 한다. 30대 후반으로 결혼은 아직 안 했으며, 조부모님과 같이 3대가 한집에서 생활하고 있다고 하니 가정적으로도 효성이 지극함을 알게 되어 더욱 열심히 노력하여 소기의 목적에 달성하도록 격려의 대화도 나누었다.

이런저런 대화를 나누다 보니 논어에서 공자께서 말씀하신 글귀가 떠오른다.

> 자왈(子曰) 제자입측효(弟子入則孝)하고 출측제(出則弟)하며
> 근이신(謹而信)하며 범애상(汎愛象)하되 이친인(而親仁)이니
> 행유여력(行有餘力)이어든 측이학문(則以學文)이니라

즉 젊은이들은 집에 들어가면 부모님에게 효도하고 밖에 나가면 어른께 공손하며, 모든 일을 삼가 조심하고 타인에게 믿음을 주며,

모든 사람을 널리 사랑하되, 특히 인자를 가까이하고, 그러고도 남음이 있다면 글을 배우라고 풀이된다.

무릇 사람이 지켜 나아가야 할 규범에는 그 순차가 있게 마련인데 그 순차를 규명한 가르침이라고 해설한다.

세상사 살다 보면 이 어찌 다 지킬 수 있겠는가마는 그래도 사람의 도리를 외면하면 아니 될 것이다.

덕불고(德不孤) 필유린(必有隣)이란 말을 되새겨 볼 필요가 있다. 덕을 베풀면 외롭지 않고 이웃이 반드시 가까이 있다는 내용이다.

현대사회에서 컴퓨터와 핸드폰이 모든 문제를 해결해 주니까 논어에서 명시하는 공자님의 격문이나 사자성어를 꼭 알지 않아도 세상 사는 데는 어려움이 없다고 장담하겠지만 인간의 도리는 알고 지켜야 하는 것이 삶의 가치를 가지게 된다고 본다.

온고지신(溫故知新)이란 말처럼 새로운 학문이 범람해도 그 근본의 원리는 옛것을 알면 새로운 지식이나 정보 같은 것을 알 수 있는데 도움이 된다는 것으로 외면했을 때 그 결과는 짝퉁이 되고 만다.

젊은이들 중에는 자기 이름 석 자를 한자(漢字)로 쓸 줄 모르고 자기 성씨에 대하여 족보(族譜)조차 알지 못하는 경우가 있는데, 우선 평가의 대상에서 소외당해도 이유가 없다고 본다.

내가 아는 사회복지사는 그의 인격(人格)과 품성(品性)이 현 사회에서 모범으로 장래를 약속할 수 있다고 장담하고 싶다.

(『혜인시대』 2023. 12. 4)

덕불고(德不孤) 필유린(必有隣)

핸드폰에 문자가 왔다. 보니 친지의 별세 내용이다.

아니 엊그제 통화로 안부도 나누고 간단한 대화로 정상적인 마무리를 했는데, 이것이 어찌 된 일인가?

나보다 3살이 아래지만 가까운 친지로 여겨 왔으며 나와 같이 있을 때는 반드시 경어를 사용하여 예의범절이 확실한 인격자라 믿고 나 역시 존경하는 관계인데 별세 소식을 접하고 보니 먼저 충격적이다.

인생은 유한한 것으로 누구나 세상과 이별을 해야 한다지만 100세를 살고 하직해도 슬퍼하고 더 살지 못하고 별세를 하였다고 슬퍼하는 것이 인간 본연의 욕심인 것으로 부인할 수 없는 작은 욕망이기도 하다.

인간이나 생명체는 영원불멸은 없다고 생각한다. 태초에 생명을 부여받고 태어날 때부터 조건이 아니고 원칙인 것은 하나의 진리 같은 보편적 이치라고 생각한다. 그래서 보통 '돌아가셨군요'라는 말을 사용하기도 한다. 즉 돌아갔다는 것은 출생 이전의 곳으로 갔다는 말이기도 하다.

고인이 된 지인은 평소 공정(公正)과 평등(平等)을 그리고 자유(自由)를 신념으로 생활하는 모습으로 주변의 신뢰를 받고 있었다. 다른 지인과 연락하여 영안실에 가서 보니 1남 2녀로 비교적 다복한 가정 분위기로 보인다.

쉽게 볼 수 있는 것은, 얼마나 많은 사람이 애도하는가를 영안실에서 알 수 있으며 근조화환을 볼 수 있다. 이날은 무려 30여 근조화환이 입구에 있었고 지역 국회의원과 출신 학교의 근조기가 같이 나란히 서 있는데 역시 평소의 행실에 존경과 관계성을 바로 평가할 수 있었다. 사망한 지인의 부인 말에 따르면 밤 10시경에 가슴이 답답하고 열이 난다 하여 인근 병원에 갔더니 큰 병원으로 가라 했단다. 20여 분 서둘러 가는 도중에 심장마비로 운명했다는 의사 진단으로 확인이 되었다 한다.

바로 드는 내 생각은… '아하 나이 들면 병원이 가까워야 우선 긴급상황을 해결할 수가 있겠구나.'였다. 지금은 119시스템이 잘되어 있어서 연락하면 즉시 출동을 하고 병원도 쉽게 물색하여 빠른 시간에 진찰받을 수 있는데, 공기 맑고 주변이 좋은 지방 같은 곳에는 자연 환경이 좋아서 우선은 생활에 신선미가 있기는 하지만 가족들의 건강상 문제가 발생 시에는 또 다른 문제로 생각을 하게 된다.

나는 어려서부터 부모님이 이웃에게 봉사적인 사랑을 실천하는 모습을 보았는데 살다 보면 애경사에 그 반응을 쉽게 판단할 수 있었다. 내가 할 수 있는 능력 범위에서 이웃을 챙기면 평소에는 잘 모르지만 내가 힘들 때는 주변에서 모두 도와주어 쉽게 처리하는 경우도 있었다. 그래서 덕불고(德不孤) 필유린(必有隣)이란 말이 하나의 격문이기도 하다.

세상을 등진 사람이 무엇을 알겠는가마는 장례식장을 보면 그 사람이 살아서의 행적을 알 수 있어 결국 그 후손에게도 위로와 존경의 마음을 가지게 된다고 평하고 싶다.

벌써 지난 이야기이지만 문교 계통의 고위 공직자이신 분이 작고

했는데 장례식장에 가 보니 조문객이 없이 달랑 부인과 두 자녀만이 장례식장을 지키고 있었다고 한다. 그 이야기를 듣고 그분이 살아생전에 지인들과의 관계가 극도로 배척 대상으로 오직 독불장군 행세를 하였으며 찾아가는 후배들에게도 차 한 잔을 대접하는 일이 없었으며 본인의 실력으로 고위직을 유지한 것처럼 과시했다고 하는 비하인드 스토리가 살아서도 간간이 들렸지만, 사후에는 입소문이 파도처럼 번져서 안타까운 인생의 종말을 본 듯하였다.

이런 사연을 비교한다면 지인의 별세는 슬픈 사연이지만 살아서 이웃과의 연계성을 보니 참다운 삶을 살았구나 하고 명복을 다시 한 번 기원하였다.

(2023. 3. 12)

가을 엽서

조석(朝夕)으로 기온이 18℃라고 보도하면서 낮과의 기온(氣溫) 차(差)가 심하니 건강 관리 잘해야 한다고 어머니 하시던 말씀처럼 방송을 들으니 고맙다고 우선 말하고 싶다.

대학을 졸업하고 작업 현장에 들어선 20대의 시절이 엊그제인데 산수(傘壽, 80)보다는 많고 미수(米壽, 88)보다는 적으니 그 중간이 되는 셈인데 그렇다면 여기서 멈출까 하고 늦은 밤 별들이 움직이는 소리 들으며 창문에 그림을 그려본다.

내가 고등학생 시절 국어책에서 수필가 민태원(閔泰瑗, 1894~1935) 선생의 『청춘예찬(靑春禮讚)』을 읽은 기억이 새롭게 떠오른다. 서정적(抒情的)이면서도 화려하고 힘이 넘치는 문체(文體)로 설의법(設疑法)을 이용한 정열적(情熱的)이고 격정적(激情的)인 어조인 내용이 더욱 감정적(感情的)이다. 그리고 정비석(鄭飛石, 1911. 5~1991. 10) 선생의 『산정무한(山情無限)』이란 수필을 배운 기억이 새롭게 다가온다. 금강산(金剛山)의 아름다운 풍경 다양한 표현(表現) 기법과 화려한 문체를 구사하고, 금강산 계곡(溪谷)의 풍경, 그 풍경에 얽힌 설화(說話) 및 글쓴이의 소회(素懷) 등을 우리말의 유창성과 독특한 묘미를 살리는 표현이 많아 가사 문학의 백미(白眉)로 일컬어지고 있다 한다. 60여 년이 지난 지금도 작품을 읽으면 다시 젊은 학창 시절로 돌아간 느낌을 가지게 한다.

일전에는 문인회(文人會) 회원들과 같이 멀리 파주의 회원이 운영하는 작은 마을의 별장 같은 한적한 곳을 다녀왔다. 처음 나들이하는 길이라서 교통편을 걱정했는데, 문산까지 운행하는 열차 편이 있어서 쉽게 승차를 하였다. 내가 승차한 시간은 오전 7시 30분으로 직장 출근하는 사람들 출근 시간이라 복잡하다는 것은 알고 왔는데, 코로나19의 영향으로 이미 습관화되었지만 모두가 입마개를 해서 아는 사람도 구별하기는 쉽지는 않았다.

난 등산모를 쓰고 등산용 점퍼와 운동화를 착용하여 아침부터 등산(登山)을 가는 노인으로, 다른 사람이 보면 '노친네는 팔자도 좋네요.'라고 말했을 것 같은데, 사실은 내 팔자는 좋은 편은 아니다. 그래도 빈(貧)티를, 그리고 노약자티를 보이지 말자 해서 마음속으로 긴장을 하고는 있다. 모자를 썼으나 하얀 머리카락이 보인다. 그리고 나이 들면 얼굴 자체도 세월의 파도로 피부가 많이 쭈글쭈글해진 모습을 숨길 수는 없다. 그리고 얼굴에 손바닥보다 더 큰 마스크를 썼으니 얼굴도 작은 눈만 보이므로 나이 든 노인이라는 것을 판단하기는 쉽지 않다.

출근 시간보다는 1시간은 빠르므로 꽉 찬 편은 아니어도 넉넉한 편은 아니라서 일명 경로석(敬老席)은 자리가 없어서 중간에 서 있을 수밖에 다른 방법이 없다.

순간 50대쯤 보이는 여성이 난데없이 "좀 떨어져 서세요. 거리 지키기 하라는 데 가까이 붙지 마시고 거리를 유지하세요."라며 가히 부드러운 목소리가 아니고 짜증 섞인 쉰 목소리로 나에게 대포알처럼 쏘아붙인다.

깜짝 놀라서 얼른 나온 나의 대답은 "아이고 미안해요." 그리고 주변을 보아도 더이상 떨어질 곳이 없다. 잠시 민망해서 화끈거리는 얼굴과 마음을 가누지 못하고 있자니, 늙은 몸이 아침부터 무엇을 얻자고, 일하려고 나온 출근자들의 가는 길에 걸림돌이 되었나? 자책(自責)하였다.

내가 약관(弱冠)을 지나 이립(而立) 불혹(不惑)의 나이였다면 짜증스러운 언성으로 하는 말에 격정적인 감정으로 대꾸를 했을 것 같은데, 지천명(知天命) 이순(耳順)을 지나 환갑(還甲), 진갑(進甲)을 다 보내고 고희(古稀)도 무사히 보낸 나이에 감사를 가지며 부드럽고 아름다운 표정과 따스한 말로 다정다감하게 상대를 했다면 아쉬움이 없겠지만 원래 주변머리가 없어 그냥 꼬리만 남기고 머리 박은 꿩처럼 고개 숙인 미수(米壽)의 모습이 되고 만다.

50년대에는 지하철(地下鐵)이나 열차(列車)가 없어서 버스를 이용하여 출근을 하는, 일명 콩나물버스가 교통수단이었다. 만일 지금 그런 실정이라면 거리두기라는 말은 저승 가는 길에서도 못 지켜질 것이다. 나는 미안한 마음으로 말도 못 하고 서 있는데 의자에 앉아 있는 60대 여성이 일어서면서 "아저씨 여기 앉으셔요."라며 나를 보고 오라 한다. 미안한 마음으로 그 자리에 앉기는 했지만 고마웠다. 이렇게 여러 정거장을 지나오다 보니 사람들이 내려 통로가 여유 있고 거리 두기는 자연적으로 이루어진 것 같다. 그러자 몇 군데 자리가 생기니까 나에게 자리를 양보한 여성분은 자연스럽게 빈자리에 앉고 그 여자분은 계속 서 있기만 한다.

30여 분이 지나니까 많은 사람이 하차(下車)하고, 종점인 문산역에 도착할 때는 듬성듬성 자리가 비어 있다. 그러고 보니 문산으로 출근하는 사람보다는 서울 방향으로 출근하는 사람들이 훨씬 많다는 사실이다.

사람을 낳으면 서울로 보내고 말은 제주도로 보내라는 말이 생각난다. 많은 사람이 사는 곳에 일감이 많으니 일자리도 많은 것 아닌가? 나이 83세라는 숫자는 부끄럽기만 하다.

그 많은 세월 무엇 하나 인류(人類)에게 기여(寄與)하는 일을 남겨 주었는가? 아니면 남들이 존경스럽게 생각하는 일이나 실적이 있는가? 사계절(四季節) 시간이 지나도 도움이 되는 것은 하나도 없이 볏섬을 축내는 생쥐 꼴이니 사회적(社會的)으로 경제적(經濟的)으로 무가치한 존재임은 의심의 여지가 없다. 젊은 시절에는 교육계(教育界)에서 후배들 교육에 작은 힘이 보탬은 되었다지만, 지금은 유효기간(有效期間)이 다 된 폐품(廢品) 같은 사회적 존재이니 나 스스로가 무의미하다.

그렇다면 어떤 길을 가야 할까? 20여 년 전에 시(詩)와 수필(隨筆) 분야에 등단(登壇)되어 벌거숭이 작가(作家)라는 이름 하나 얻었으니 앞으로 좋은 글 하나 남기어 『청춘예찬』이나 『산정무한』 같은 좋은 글을 그리워하면서 비슷한 글을 한 줄이라도 남길 각오로 노력해야겠다는 작은 마음의 다짐을 마지막 잎새가 지기 전에 다시 해 본다.

(2023. 제87 겨울호 표현)

죽음, 한 번의 체험

동호회 회원 20명들과 같이 화려한 외출을 하기로 하고 집을 나서는 데 하늘은 기다렸다는 듯이 하얀 눈이 하나둘씩 내리더니 시간이 지날수록 온 천지를 뒤덮는 함박눈이 앞을 분간 못하게 내리고 있다. 관광버스에 몸을 맡기고 친우들과 담소를 나누는 동안 목적지인 강원도 정선군 화암면 몰운리 '다문화가정 행복찾기 운동본부'에 도착하였다.

강원도 정선군 하면 아주 깊은 산골로 태양이 머리 위에 잠시 있다가 눈 깜짝할 새 서산에 걸치는 지역이라 태양을 보려면 부지런해야 한다고 한다. 정선군은 1940년대 후반부터 시작된 탄광개발로 태백선-정선선 등의 철도가 연결되고 탄전지대를 중심으로 도시화가 진행되면서 산과 계곡의 고장, 강원도 정선군이 여름 휴가철을 맞아 힐빙(Heal-being), 휴양명소로 주목받고 있다.

다문화가정 행복찾기 운동본부를 만든 이 지역 젊은 장년(壯年)은 도시문화에 익숙한 경험을 살려 정선군의 청년들이 결혼을 못 하고 있는 실정을 알고 국제결혼을 염두에 두고 젊은 청년들과 상담을 하여 우선 국제결혼을 주선하였다. 이에 필요한 경비는 결혼 후 농사를 지어 생산된 콩을 제공하는 조건으로 잘 이루어져, 후에 그 콩으로 메주를 만들고 장을 담그고 도시민과 연계하여 콩과 된장 그리고 간장을 주문 판매 사업을 진행하였는데 성공적으로 진행되는 것은 군청의 최대한 지원을 받게 된 것이라고 한다. 이런 사례가 입소문으로 널리 알려져 우리 동호회원들이 방문하게 된 사연이다.

이곳의 여러 가지 문화적 사업 설명과 건강에 따른 지역 특산물의 영양학적 식단 설명을 들을 수 있었으며 특별히 죽음의 체험 과정에 대하여도 실감 나는 설명을 하였다. 우리 일행은 진행에 따라 영정 사진을 찍고 죽음 체험관에서 수의(壽衣)와 나무로 만든 관(棺)과 작은 테이블을 마주하고 캄캄한 실내에서 감정을 정숙한 분위기로 유도하는 낮은 음악을 들으며 인생의 빈손 과정을 내용으로 한 영상을 보면서 도시에서 오염된 마음과 몸을 정화하는 듯 촛불로 태워 날려 버리는 촛불 앞에서 유서(遺書)를 작성하였다.

우리나라에서 1950년대 시절 남자 나이 70세라면 살만큼 살고 저세상에 가고 없는데, 지금은 70대의 나이는 장수라고 하기에는 어색한 편이다. 지금 이 나이에 유서를 쓴다는 것이 뒤늦게 철든 일인지도 모른다.

「장돌뱅이의 이야기」 1부 내가 유서를 쓴다는 것 자체를 생각도 못했는데 생각하면 우선은 부모님에 대한 불효자(不孝子)의 입장이고 아내에 대한 남편의 도리(道理)와 자식들에게는 아버지의 힘 빠진 책임(責任) 같은 것이다. 그리고 유수 같은 세월에 무엇을 했는가 자신의 반성 같은 것이다. 다 쓴 유서를 돌아가면서 읽는 중에 많은 사람들이 눈물을 흘리고 작은 소리로 울기도 하였다. 유서를 작은 책상 위에 놓고 수의(壽衣)로 갈아입은 후 옆에 있는 각자의 관 뚜껑을 열고 들어가서 누우라고 안내하는 저승사자의 정중한 지시는 상상 이상의 영혼 세상으로 빠져든 착잡한 분위기다. 내 몸에는 아무것도 없고 알몸에 준비된 수의로 포장된 것이다. 모든 생각이 멈추고 머릿속은 하얀색으로 텅 빈 바구니 같은 가벼운 느낌이다. 관 속에 서서히 누운 후에 저승사자가 관 뚜껑을 덮는다. 내 인생이 다한 마지막 순간을 그렇게 미화하는 것으로 다행스럽다는 생각이 든다. 사실 현실적으로 내가 죽음이 결정된 후의 환경을 예상해 본다. 저승사자가 정답게 편안하게 안내를 해 줄까? 사후세계는 정말로 있을까? 말하고, 듣고, 볼 수 있고, 생각하는 혼과 활동할 수 있는 육체가 어느 날 일시에 정지되었다면 바로 그 순간 이후의 시간이 관 속에 있는 것이다.

누구나 죽은 후 3일이면 사람의 실체는 화장(火葬)의 문화에 따라 한 줌의 재로 남고 영혼은 어디론가 마치 꿈을 꾸고 있는 듯 움직일 것이다. 미국의 어느 종교는 생전에 선행을 하고 산다는 것이 사후의 세계를 예측한다고 한다. 선행의 급수를 상중하로 구분한다면 상급은 태양의 궁전에, 중급은 달의 궁전에, 하급의 경우는 별의 궁전으로 간다는 것이다. 종교계에서는 사후의 세계가 있다고 하는데 어느 누구도 체험이나 확인한 바가 없으니 예언 같은 이론을 믿음으로 신뢰하는 것뿐이다. 살아 있는 것이 중요하고 살아 있을 때 존재감을 의식하는 것이 최대의 존재가치일 것이다.

이와같이 죽음의 체험을 통하여 앞으로 나를 재인식하고 살아 있는 시간에 봉사적인 생활을 하자고 다짐한다. 살아 있을 때 재능기부를 통하여 내 이웃과 사회에 기여할 수 있는 삶이 행복의 바탕이라고 생각하면 무소유(無所有)의 의미를 알게 될 것이다. 저승사자가 관 뚜껑을 열기 전에는 정적 속에서 나 자신을 다시 생각할 수 있는 기회로 육신이 멈춘 듯하였다.

체험을 마친 회원들의 표정과 분위기는 말이 없고 숙연한 자세로 개과천선(改過遷善)한 모습으로 보인다. 살아있는 시간이 중요한 시간임을 재인식하고 재음미하자며 서울로 돌아오는데 아주 큰 변화를 얻은 여행이란 생각이 들었다. (2018. 11. 10)

군맹무상(群盲撫象)

열반경(涅槃經)에 나오는 글귀 하나를 소개하고자 합니다.

우리 생활에서 흔하게 들을 수 있는 사자성어이지만 기회가 되면 꼭 한 번 이야기로 말하고픈 내용이라서 욕심을 부려 봅니다.

우선 한자풀이를 보면, 群(무리 군), 盲(소경 맹), 撫(어루만질 무), 象(코끼리 상)으로 풀어 봅니다.

즉 이야기인즉 인도의 경면왕(鏡面王)이 맹인들에게 코끼리라는 동물을 가르쳐 주기 위해 코끼리를 만져 보게 했다 합니다. 그리고 얼마 후 소경들에게 코끼리가 어떻게 생겼는지 말해 보라 했다고 합니다.

그러자 소경들은 각자가 만져 본 경험을 다음과 같이 대답을 하였다고 합니다.

상아를 만져 본 이는 '무'와 같사옵니다.
귀를 만져 본 이는 '키'와 같사옵니다.
머리를 만져 본 이는 '돌'과 같사옵니다.
코를 만져 본 이는 '절굿공이' 같사옵니다.
다리를 만져 본 이는 '널빤지' 같사옵니다.
배를 만져 본 이는 '항아리' 같사옵니다.

꼬리를 만져 본 이는 '새끼줄' 같사옵니다.

열반경은 어리석은 중생을 코끼리를 만져 본 장님에 비유한, 그러니까 코끼리는 석가모니를 비유한 것으로 모든 중생들에게는 자기가 살아온 방식이나 살아온 경험과 사회현상들을 자기 중심적인 판단으로 자신만이 옳다고 생각하게 한다는 것입니다.

장님들이 일시에 눈을 떠서 코끼리를 보았을 때 그때의 감정은 어떠했을까 하고 생각을 해 봅니다.

만약 어떤 장님이 코끼리를 만져 본 경험으로 코끼리의 모양을 말한다면 코끼리 전체의 모습을 본 사람은 어떤 말로 대답을 하며 어떻게 이해를 시킬 것인가 하고 의문스러운 생각을 해 봅니다.

코끼리를 만져 본 장님들의 대화 자체도 서로가 바른 평가라고 주장할 것입니다.

만일에 한 장님이 개안 수술로 인하여 눈을 뜨고 코끼리를 보았다면 다른 장님들의 이야기는 모두가 잘못 판단한 것으로 바른 판단을 이야기할 것이지요.

이같이 우리 생활에서 나의 좁은 생각이나 편견을 주장하고 바른 판단을 부정한다면 결과적으로 나 자신의 위기로 가는 경로라고 예측합니다.

이런 속담도 있지요. '남이 장에 가니까 씨오재미 들고 장에 간다' 라고요.

우리 국민들은 근현대사를 통하여 엄청나게 성숙했습니다. 나이 든 어르신들이 보기도 놀라울 정도로 영특하고 감각도 예민하면서 자기판단도 지나칠 정도로 예리합니다. 그러나 나이 든 노인들의 판단은 항상 온고지신적인 판단을 조심성 있게 하기 때문에 실수를 줄이는 편이지요.

초근목피 보리죽을 먹을 시기를 모두가 체험하듯 살아온 산증인으로 시대 감각은 느려도 판단은 확실한 의견입니다. 나의 편견이나 주변의 감언이설에 편중되는 언어 행동은 위험 수위를 넘나들지요.

시기적으로 혼란스러운 사회 분위기일수록 바른 판단을 해야 하고 진실을 외면하는 습성은 버리고 군맹무상이란 사자성어를 다시 한번 생각해 봅시다.

(『혜인시대』 2023. 7. 17)

구연민 혜인시대 논설위원의 시집 출판기념식

본지 논설위원인 월산 구연민 시인의 출판 기념회가 11월 7일 오후 2시 (사)한국문학협회 주관으로 서울 중구 명성문화예술센터 2층에서 개최됐다.

구연민 시인은 이날 7전 8기로 살아온 86년 인생의 비하인드 스토리를 엮은 네 번째 시집 『더욱 먼 곳으로』을 발간하면서 출판 기념회를 개최한 것.

이날 기념회는 식순에 따라 남궁유순 교열국장의 축가(나훈아 사랑)로 시작해 한국문학협회 박종래 대표회장과 한국문학협회 성광운 이사장의 축사에 이어 한국문화원협회 회장을 역임하고 현재 한국문인협회 권용태 고문의 격려사가 이어졌다.

이어서 박종래 대표회장의 시집 봉정식에 이어 시집 『더욱 먼 곳으로』에 실려 있는 「망상」 「외로움」 「해가림 나무」 「남루한 사랑」 등을 회원들이 낭송했다.

구연민 시인은 이날 기념회에서 "86년간의 산전수전 인생 파노라마를 겪으면서 한 땀 한 땀 시어로 채색시킨 문맥들을 사색덩이 가슴 서랍에서 꺼내 시집으로 상재했다"고 밝혔다.

사진 두 번째 줄 왼쪽에서 4번째 꽃다발을 든 사람이 월산 구연민 시인.

한편 월산 구연민 시인은 2017년에 수필과 시로 등단(登壇) 이후 열정적인 작품 활동을 통해 시(詩) 외 수필집 4권을 출간했으며 '7전 8기로 살아온 86년간의 작은 그림자'로 상징되는 그의 삶을 오롯이 시집에 담아냈다.

강현주 기자 / 출처 : 혜인시대(http://www.wiseperson.co.kr)
(2023. 12. 7)

아직은 살아 있는 보람을

춘삼월 따뜻한 봄 햇살을 받으며 문밖을 나오면 맞이해주는 사람은 없어도 갈 곳은 여기저기 찾아보고 그날 기분에 따라 잘 선택하면, 무료하게 집에서 멍청스럽게 낮과 밤을 기다리는 것보다 크게 삶에 도움이 되기도 한다.

오늘은 지인과 같이 개포동 3단지에 있는 지상 30층의 스카이라운지를 갔다. 주변 아파트보다 더 높이 위치하고 사방 벽이 유리벽이라서 동서남북으로 어느 방향이든지 쉽게 볼 수 있다. 높은 곳에서 아래로 내려다보는 광경은 내려다보는 이의 마음에 아주 덩치 큰 괴물스러운 감각을 가지게 한다.

인간사 모든 일들이 내 아래에서 밀고 밀리고 당기고 끌려가며 작은 욕심들이 지금도 이루어지겠지만 이 모든 것을 내려다보는 순간엔 넓은 바다를 항해하는 선장 같은 기분과 통 큰 생각을 하게 한다.

자리에 앉아서 커피로 목을 축이는 순간 정호승 작 「봄 길」이란 시가 생각을 커피잔에 끌어 모은다.

"길이 끝나는 곳에서도 길이 되는 사람이 있다"

주경야학(晝耕夜學)의 생활 속에서 자립이란 생활 방법을 찾아야 한다. 시가지를 다녀 보면 수많은 업종으로 일하며 생활하는 삶의 양상을 볼 수 있다.

내가 일할 수 있는 일거리나 직장이 있을까 하고 고양이 쥐잡듯 여러 곳을 방문하고 상담을 해보니 고학생이 필요한 일자리도 있고 그런 사람을 원하는 일자리도 있었다. 일자리마다 계절적으로 기간별로 일손이 필요한 곳이 있다는 것을 체험을 통하여 알게 되었다.

스스로 봄 길이 되어 끝없이 걸어가는 사람이 있다.
강물은 흐르다가 멈추고,
새들은 날아가 돌아오지 않고
하늘과 땅 사이의 모든 꽃잎은 흩어져도,

찾은 일자리가 보수는 적어도 쉬어가며 틈틈이 공부도 하고 야학도 다닐 수 있으니 편한 마음을 다스리고 현상 유지의 길이 되기도 한다. 그러나 어떤 일터는 오래가지 못하고 문을 닫기도 하고 힘들게 참아가며 일하는데도 몇 달이 지난 급료를 못 주고 못 받으니 아름다운 꽃길 같은 일자리는 자유 잃은 패잔병(敗殘兵) 꼴이다.

서울 힘든 생활을 하는 나이 어린 학생의 신분으로 기술을 익히고 남을 돕는다는 마음으로 어려운 현실을 외면하지 않고 사업이 실패되어 실의에 빠진 사업주를 위로하며 망했지만 깔끔하게 청소도 해주며 익혀둔 기술을 버리지 않고 한 땀 한 땀 기워가는 기술력을 쌓아갔다. 그렇게 착한 사람이 되는 결과는 돈으로 성공보다는 인생의 덕을 먼저 생각하는 인간 본심을 끝까지 고집스럽게 지켜오는 날 그 손에 많은 이웃이 모여 행복이란 이름이 있다는 것을 조금은 알게 되었다.

보라
사랑이 끝난 곳에서도 사랑으로 남아 있는 사람이 있다.
스스로 사랑이 되어 한없이 봄 길을 걸어가는 사람이 있다.

사랑하는 이가 떠났다 해도 그 사랑 잊지 못하고 수절하듯 마음에 간직하고 초승달을 보면서 그 사랑 되새기며 그 사랑의 진미를 감상하듯이….

지금 내 나이 86세로 어떤 힘이나 능력이 있느냐 하고 물어보면 육체적 노동은 없다 해도 정신적인 기능이 가능하므로 주어진 프로그램은 소화하는 능력을 믿고 능력의 한계가 오는 날까지 매진하리다.

이렇게 나의 일생의 삶이 「봄 길」이란 시(詩)와 너무도 많은 점을 공감하게 되어 부분적으로 이용 해석해 보았다.

(2023. 4. 23)

호명호(虎鳴湖) 답사기(踏査記)

상봉역에서 경춘선 지하철을 타고 상천역에 하차(下車)하여 마을버스를 타고 도착한 곳이 처음으로 온 경기도 가평군 청평면 상천리 해발 535m 호명산(虎鳴山), 일명 호랑이가 우는 산 정상(頂上)에 있는 인공호수(人工湖水)로 그 이름 호명호(虎鳴湖)이다.

상천역에서 마을버스를 타고 가노라면 산 중턱 부분에 찻길을 내어 굽이굽이로 가는데 길은 차 한 대가 갈 정도의 폭으로 되어 반대편에서 오는 마을버스가 있으면 넓은 곳에서 기다렸다가 가는 편이라 더욱 위험성을 느끼게 된다. 마을버스가 좁은 길을 굽이굽이 계곡(溪谷)을 돌고 돌아갈 적마다 내려다보이는 산세는 웅장한 모습과 험준한 계곡이 가슴을 쓸어내린다.

우거진 숲들의 군림은 호랑이가 으엉~ 하고 꼬리를 내리고 입을 크게 벌리며 무서운 모습으로 금방이라도 나올 듯한 분위기다. 예전에는 호랑이가 살며 큰 소리로 울면 산천초목(山川草木)을 겁주던 시절에 지어진 산의 이름으로 호명산(虎鳴山)이라고 전해온다.

몇 굽이를 돌아서 왔는지 셀 수도 없지만 마치 하늘 끝까지 오르는 기분으로 가슴이 두근두근 설렌다.

차에서 내려 10여 발자국을 가니 산 정상에 그 넓은 호수(湖水)가 눈을 의심하게 한다.

호수 주변을 공원(公園)으로 조성하여 많은 방문자들의 휴식(休息)공원으로, 생활에서 찌든 감정(感情)을 힐링하기에 너무나 좋은 곳으로 소문난 장소이다.

한국 최초의 청평 양수(揚水) 발전소(發電所)는 가평군 가평읍 복장리에 있는 설비용량 40만kw의 한국 최초의 양수식 지하발전소로 청평댐을 하부(下部) 저수지로(貯水池路)를 이용하고 해발고도 535m의 호명산(虎鳴山) 정상에 상부(上部) 저수지를 축조하여 유효 저수량(貯水量) 240만8000t의 물을 양수로 저장하였다가 낙차(落差) 발전함으로써 하루 6시간 240만kwh의 전력(電力)을 생산한다고 한다.

1975년 9월에 착공(着工)하여 5년 가까이 어려운 공사 끝에 1979년 10월에 1호기를, 1980년 1월에 2호기를 각각 준공(竣工)하였다. 심야(深夜)의 잉여(剩餘) 전력을 양수(揚水)동력으로 이용하여 수요(需要) 때 발전기를 가동함으로써 부하율(負荷率) 개선에 기여하였으며, 국내 부존자원(賦存資源) 개발과 건설기술 배양에도 크게 기여(寄與)하였다고 한다.

나는 미국(美國)에서 본 후버댐(Hoover Dam)이 생각이 난다.

후버댐(Hoover Dam)은 미국 네바다(Nevada)주와 애리조나(Arizona)주 경계에 있는 콜로라도 강(Colorado River) 중류의 그랜드 캐니언(Grand Canyon) 하류, 블랙 캐니언에 있는 높이 221m, 길이 411m의 중력식 아치 댐(arch dam)이라고 하는데, 이 댐이 완성되자 길이 185km의 인공호수(人工湖水)인 미드호(Lake Mead)가 생기게 되었다고 한다.

후버댐의 수원(水源)인 콜로라도강은 로키산맥(Rocky Mountains)으로부터 캘리포니아 만(Gulf of Californi)에 걸쳐 2,253km를 흐르면서 미국 서부의 건조(乾燥)한 지역에 물을 공급하는 역할을 하고 있는데,

서부개척이 시작되고 인구가 증가하면서 물 확보가 중요하게 되었으며, 19세기와 20세기 초에 봄과 여름에 녹는 눈으로 인해 낮은 지역의 농토와 낮은 지역에 침수(浸水)가 되었다.

반대로 늦여름이나 초가을에는 하천(河川)의 수량이 부족하여 물 공급을 할 수 없게 되어 결국 홍수(洪水)를 조절하고 갈수기(渴水期)에 적정한 물을 확보하기 위하여 콜로라도강(Colorado River)을 다스릴 프로젝트로 1931년에 시작하여 1935년 9월 30일 프랭크린, D 루스벨트 대통령(제32대 대통령, 1933~1945)은 볼더댐(Boulder Dam)으로 준공(竣工)을 선언하였다.

1947년 미국의 제31대 대통령(1929~1933)을 역임한 허버트 후버(Herbert Clark Hoover / 1874. 8. 10~1964. 10. 20)를 기념해서 후버댐으로 개칭(改稱)하였다고 한다.

1961년 이후에는 발전기가 상업발전을 하게 되었고 당시에는 세계 최대 규모의 전기(電氣) 설비(設備)이자 세계 최대 규모의 콘크리트 건축물(建築物)로, 블록 모양으로 댐을 분활 시공하는 등 획기적(劃期的)인 기술을 개발하여 비약적인 발전을 촉진했다는 것이다.

선진국의 엄청 큰 규모의 후버댐(Hoover Dam)과 우리나라의 호명호(虎鳴湖)는 전기를 생산하기 위하여 건설하였지만, 우리나라 국력(國力)의 저력은 과시할 만한 업적으로 평가하고 싶다.

건설 현장에서 어려움이 이만저만이 아니었을 것으로 생각이 되지만, 많은 애로사항을 극복(克復)하면서 완공한 호명호(虎鳴湖)와 후버댐(Hoover Dam)은 지금으로서는 유일무이(唯一無二)한 한국과 미국에서 나라와 국민을 위한 국익(國益)사업으로 그 가치가 하나의 보물(寶物)이 되었다.

(『한국수필』 2023. 7월호)

성지(聖地)로 가면서

괘자상에 양반다리하고
컴퓨터와 복합기가 자판의 명령 따라 일을 낸다
앞면 중앙에 쟁반 같은 벽시계
그 아래 손바닥 크기 태극기 바로 있고
우측에 검찰청 간부들 사이에 새로 위촉받은 요원들 당당한 모습
좌측에 신부님과 수녀님 뒷줄에 꽃다발 든
새 신자들 천사 모습으로
똑딱 똑딱… 초침은
좌에는 신부님이 우에는 검찰이
좌청룡 우백호라
농부 밭갈이처럼 묵묵히 해를 등지고 얼마나 갔는지도 모른다

법이란 글자도 모르면서 얼마나 달려왔는지
대장검 손에 들고 당당한 호랑이상이다.
산과 들로 병정놀이 소년 상대를 죽여야 승자라며
맨발의 용맹이 사계절 풍파로 누더기꼴 치장한 철부지

찬송가 따라 부르며 산타 할아버지 선물에 숨소리 높여가며
새벽별 동행하고 아멘을 외치던 날
어머니 따라 새절(寺)에 가서 누룽지 먹으며 흥얼거리고
쉽게 불러지는 찬송가 교회 종소리 기다리며
낮이나 밤이나 아멘을 외치던 날이

묵묵히 앞으로만 가는 시침(時針)에
밤잠을 설치고
팔다리 묶인 채
고해성사(告解聖事)를 하려고 아침부터 다짐한다

법(法)은 물질(物質)이요 신앙(信仰)은 영(靈)이니
영(靈)이 가는 곳에 영육(靈肉)이 평화(平和)가 있으리라

(2021. 6. 20)

나가사키 투어

2024년 3월 28일, 관광버스에 피곤한 몸을 싣고 목적지인 나가사키로 출발했다. 일본에 왔는데 잠이 온다고 졸 수는 없다. 억척같이 눈을 비벼 가며 보이는 것은 하나도 빼놓지 말고 눈에 꼭꼭 담아 두어야지 하며 자신과 약속을 하였다. 약 40여 년 전에 일본에 온 일이 있었지만 많은 세월이 지난 오늘의 일본은 어떻게 변하였으며 어떻게 살고 있는지 궁금하다. 내가 초등학교 일학년 시절은 일본 선생님이 담임선생님으로 일본식 학교 교육을 받았지만 너무나 오랜 세월이 지난 오늘의 일본에 대한 나의 감정은 많이 변하여 섬세하게 하나하나 관찰을 하고 싶다.

후쿠시마 선착장에서 관광버스로 나가사키로 달리는 중이라서 창밖 풍경은 영상 스크린처럼 정신없이 지나간다. 우리나라 관광버스와는 다르게 외모는 하얀색으로 단정하고 깔끔하여 선비의 도포 모습을 연상하기도 한다. 차내는 단순하다. 요란스럽게 장식을 한 것도 아니고 기본적인 것만이 되어 있다. 우리나라 관광버스는 커튼도 요란하고 차내 조명부터가 현란스럽다. 마치 유흥점의 풍경이다. 우리나라 버스는 의자 자체가 편안하게 재구성했으므로 차주의 고객에 대한 기본적인 예의가 앞서간다.

고속도로를 달리는 관계로 창밖 모습은 동작 빠르게 눈에 담아 두어야 한다. 단독주택으로 기와집이며 모두가 일본식 디자인으로 굴뚝이 안 보이며 잠든 마을처럼 조용하고 이동 인구조차 보이지 않는다. 아파트는 하나도 안 보이고 들녘에 비닐하우스 농장도 안 보인다. 고속화 도로는 잘 정리되어 있어 우리나라의 고속도로 주변과 흡사하게 잘 정돈된 외형 모습은 평이하다.

운행 중에 젊은이의 데이트 광장에서 잠시 쉬었다. 휴게소는 아니지만 작은 관광지처럼 조성된 곳으로 화장실이 있다. 나이든 여행객들은 장시간의 여행에서는 화장실을 반드시 챙겨야 한다. 우리나라처럼 도로 주변에 공인 휴게소가 있어서 화장실 이용자들에게는 참으로 다행한 시설로 크게 각광을 받고 있다. 나이 든 사람만이 아니어도 요실금이나 전립선에 이상 있는 자는 화장실 문제가 항상 의논대상이다. 지나치는 산마다 산림이 잘 조성되어 있다. 짙푸른 녹색의 삼림은 우리나라와 다를 바 없으며 높은 파란 하늘 모습도 역시 우리나라와 다르지 않고 많은 부분이 비슷하다.

보이며 지나치는 다리는 웅장하고 튼실하게, 섬이 많은 지역을 육지로 이어주는 큰 육교는 지나는 자동차들에게 안심을 주는 듯하다. 나가사키 도심 거리는 우리나라 소도시와 흡사한데 도로 중간에 전차가 지나가고 있다. 마치 예전 서울의 전차와 부산의 전차 같은 모습으로 감회가 새롭다. 그런데 전차가 울리는 경적소리는 안 들린다. 아마도 아예 벙어리로 출생했나 보다. 일본 사람들의 예의는 양보와 배려인 것으로 인식되어 마치 전차도 양보와 배려의 차원에서 '경적소리를 벙어리로 출고했는가'라고 나만의 추측이다.

1945년 8월 6일 원자폭탄이 히로시마에 투하되고 8월 9일에 이곳 나가사키에 투하되어 수많은 사람이 사망하고 부상자도 수없이 발생하여 일시에 아수라장이 된 이곳의 참상을 사진과 잔해물로 전시해

놓은 전시실은 보는 이의 눈살을 찌푸리게 만들고 있다.

당시 일본 가톨릭 교회에는 성모승천대축일에 앞서 판공성사를 보는 관습이 있었다. 그리하여 그라운드 제로(원폭 투하지점)에서 불과 700m밖에 떨어지지 않은 우라카미 대성당에서 미사와 판공성사를 준비하던 2명의 사제와 24명의 신자가 즉사했고, 8천 명의 신자들도 이후 피폭에 따라 전원 사망하였다고 한다. 시내 가옥의 약 36%가 괴멸하였다고 한다. 전시장에서 원폭의 유사모형을 보는 순간 마음에는 분노가 한숨으로 그리고 손에 분노의 힘을 쥐게 한다.

조선인 2만 명 정도도 피해를 입었고, 그중에 약 1만 명이 사망했다. 생존자 1만 명 가운데 귀국자가 8천 명, 잔류자가 2천 명 정도 되는 것으로 보았다.

1979년 8월 9일 나가사키 원폭투하 중심지점 부근에 추도비를 세웠다. 이동하여 가 보니 한국인 위령탑과 비석이 깨끗하게 단정된 모습이 태극기와 같이 말없이 구석진 곳에 당당하게 자리를 지키고 있다. 많은 이들이 다녀간 흔적이 한숨과 눈물 섞인 분노의 음성이 귓가를 맴도는 듯하여 내 눈시울을 적시고 있다.

평화공원(平和公園)은 나가사키현 나가사키시 마쓰야마 정에 위치한 공원이다. 1945년 8월 9일에 투하된 원자폭탄 낙하 중심지와 그 북쪽의 언덕 위를 포함한 지역에 평화를 위해 1955년에, 건장한 젊은이가 왼손은 길게 뻗쳐 들고 오른손은 머리 위로 하늘을 향하고 책상다리로 앉아 있는 모습은 평화를 외치며 상징하는 평화의 기도상이 완성되었고, 1977년 11월에 국제관광 문화도시로 지정되었다. 천주교도의 수가 많은 것으로 알려져 있으며 나가사키 대교구는 도쿄, 오사카와 함께 일본 내 3대 관구 중 한 곳을 형성하고 있다고 한다.

서양문물이 가장 먼저 유입된 곳으로 이른 시기부터 상공업이 발달했으며, 1920년 기준 서양과 중국과의 교역이 공식적으로 이루어진 국제적인 항구 도시였으며, 따라서 일본에서 일본 내 7위의 인구를 갖는 대도시였다고 가이드 일본 박사는 힘주어 설명한다.

평화의 상징

원폭투하로 인해 전후 일본은 "핵무기를 만들지 않으며, 갖지 않으며, 들여오지 않겠다."는 비핵 3원칙을 수용했으며 이 항복으로 인해 아시아의 일본 식민지들은 자동적으로 독립하게 된다. 우리나라는 그해 8월 15일 해방이란 이름으로 독립되었다. 자유와 평화를 외치며 한민족의 자랑스러운 독립정신에 가 일층 힘을 실어준 계기로 한민족의 근현대사에 새로운 민족혼을 심어준 출발점이 되었다.

버스에 몸을 의지하고 또 다른 해변가로 가는 중에 서해교(西海橋)라고 한자로 표시한 곳에 도착하였다. 마치 콰이강의 다리를 연상하는 모습이다. 서해교는 역시 섬과 섬을 하나의 육지로 만들기 위한 거대한 작업으로 보인다. 섬들을 다리로 이어주면 정치, 경제, 사회, 문화 등등이 한 방에 동시에 이루어지게 되어 도농(都農) 간, 도도(都島) 간의 발전 모습은 획기적으로 이루어져 나라발전에 크게 앞당겨져 부흥의 결과를 얻는 사실이 된다. 우리나라도 남쪽과 서쪽 지방에 가 보면 다리공사가 활발하게 진행이 되어 섬이란 말이 자취를 감추고 있다.

서해교(西海橋) 입구에는 볼거리를 조성하여 많은 관광객을 유치하려는 정부의 계획적인 모습이 역력히 보이는데 예상외로 관광객이 없으며 주변 상가는 폐문 상태인지라 이율배반적인 현상이다. 우리나라 같으면 이런 곳에 이동 포장마차를 두어 간단한 식음료를 팔며 이용할 수도 있는데 아쉽기도 하다. 일본이 육교 사업에 진가를 보여주는 것은 국가적인 차원에서 크게 기여한 것이 아닌가 생각해 본다. 현실보다는 미래에 역점을 둔다면 새로운 개발과 도전만이 발전의 모태가 될 것이다.

일본의 여러 곳을 보면 모두가 국가적인 차원에서 개인적인 사욕을 버리고 힘있게 추진한 결과물이라고 본다. 정보를 이용한 개인의 재산욕과 치부의 욕심으로 국가 발전에 먹칠을 하는 의식이 사라질 때 나라발전과 국민들의 안위가 이루어질 것이다. 하루의 일정에 따라 일본의 작은 구석부터 보았는데 참으로 소박하고 참신한 국민성을 보는 듯하고 욕심보다는 건강과 현실에 충실하고 만족스러운 자기만의 행복추구는 잘하는 것 같아 감회가 새롭다.

(『혜인시대』 2024. 4. 22)

고향

우리 마을 중간에 있는 신작로는 전주에서 대전으로 가는 국도로 많은 자동차도 다니고 이웃 마을 사람들도 오고 가는 오솔길이 아닌 국도로 도로정지작업도 수시로 하는 길이다. 그러니까 거리를 나누어 마을에서 관리하는데 관리라고 하는 것이 작은 돌멩이들을 길에 깔아서 깊게 파이지 않기 위한 작업이다.

그래서 자동차가 지나가면 흙먼지가 일어나 지나는 차를 알아볼 수가 없다. 예전에는 힌차(버스)라고 하는 차가 하루에 한 번 지나는데 돈을 주고 탈 수 있는데 우리 마을에서는 타는 사람이 아무도 없다.

어느 날 탱크라고 하는 쇳덩이 차 같은 것이 하얀 흙먼지를 내고 북쪽으로 계속 지나간다. 그 뒤로는 화물차에 총 든 군인들이 지나가는데 얼굴색이 까맣다. 어른들 말로는 유엔군인데 외국 군인들이라고 한다. 우리나라를 구해주려고 외국에서 왔다고 한다.

그때 나는 읍내에 있는 중학교에 입학을 하니 개교 2년 차라 나보다 앞서 입학한 선배가 있다.

영어 선생님이 영어를 너무 잘하는데 알아보니 미군 부대에서 통역장교로 있었다고 한다. 얼마나 부러운지 하루 종일 가르쳐 주면

좋다고 생각을 했다.

들리는 소식으로는 인민군이 남으로 계속 가다가 우리 군인과 유엔군이 낙동강 전투에서 엄청 크게 방어를 하고 있었다 한다. 그런데 때마침 맥아더 장군이 인천상륙작전에 성공하여 결국 서울을 탈환하였다고 한다.

그래서 이북 인민군과 중국에서 지원해준 중국 인민군들이 패잔병이 되어 다시 우리 마을 도로를 지나서 북으로 퇴각하는 길이 되었다. 그들 중에는 신체 여기저기 부상으로 피가 나고 붕대로 칭칭 감아 있기도 하며 걸음도 제대로 걷지 못하는 군이 무수히 있는 모양은 참으로 안타까운 형상으로 같은 민족끼리 참으로 큰 비극의 참상이다.

이북 패잔병들이 지나고 며칠 지나니 유엔군이 그 길로 오면서 잠시 머물기도 하는데 우리 또래들은 학교에서 배운 영어를 사용해보았다.

"헬로 기브미 초콜렛."

통하는 듯 하는지 "에스 오케이 컴히여" 하면서 진짜 초콜릿을 주어 받아먹어 보았다. 신기하기도 하고 재미있어서 유엔군을 보면 그런 짧은 영어를 많이 사용하게 되었다.

서로가 통하는 언어의 힘은 아주 큰 효과를 얻게 된다. 그래서 대화를 하면 서로의 오해도 이해로 갈 수 있어서 쉽게 친해질 수 있다.

이런 날이 지나가고 비교적 정세는 평화로웠는데 또 다른 불안 공포로 보내는 날이 왔다.

해 지면 운장산에 숨어 있던 패잔병과 지역 빨갱이들이 먹을 것을 탈취하려고 마을에 기습으로 쳐들어오는데 풍악을 치고 소리소리 지르며 마을의 집집마다 무자비하게 침입하여 대창으로 찌르고 집안을 마구 뒤져가며 필요한 것은 무조건 탈취하고 젊은 사람이 있으면 강제로 끌고 가서 탈취한 물건을 등에 메게하고 여자들은 장독에서 된장 고추장을 탈취하고 외양간에 소를 끌고 가면서 가져갈 것이 없으면 사람을 해코지하는 식으로 대창을 사용하여 상처를 만들고 약 한 시간가량 무법천지를 만들고 돌아간다.

온 가족들은 맹수 앞에 생쥐 꼴로 목숨만 살려주면 감사하다는 심정으로 모두 다 가져가도 좋으니 마음대로 하라는 식이다. 그들이 가고 나면 마을은 온통 통곡소리만 가득할 뿐 누구에게도 하소연이나 분풀이도 못 하고 하늘 보고 개 짖는 꼴이다. 날이 밝아 마을에서는 누구네가 끌려가고 누구네 소가 없어지며 누구네 집 아저씨는 대창에 찔려 피를 흘리고 있다 한다.

해가 뜨고 나면 읍내에서 전투경찰 3명이 나와서 별일 없느냐는 식으로 말하고 지나간다.

마치 야간에는 빨치산 왕국이 되고 주간에는 허약한 대한민국이 되는 1일 양국의 형세를 보여준다, 참으로 안타까운 시절이다. 그러기를 며칠이 지나 우리 군인부대가 들어와서 주둔하면서 빨치산들의 탈취 행동은 멈추고 대한민국의 군인의 현태로 잠시 유지되었다. 그 덕분에 우리 집의 방 하나를 대장 숙소로 사용토록 한 것을 기억하

고 있다.

이렇게 우리 군인들이 빨치산 소탕 작전으로 학교 주변의 공터에 총 맞고 죽어 있는 빨치산 3명을 보았다. 이들은 인민군이 아니고 우리 이웃 사람들인데 공산당의 이론에 짧은 지식으로 염색되어 날뛰다가 결국 개죽음으로 인생의 최후를 전시하듯 마감했다.

내가 일제 강점기에 출생하여 소년의 시절을 보내면서 해방과 전쟁의 포화 속을 실감나게 체험하고 살아온 고장이 바로 나의 고향이다.

6·25전쟁이 잠시 멈추고 평화로운 시기로 접어들면서 계속 평화롭고 행복한 마을로 나라로 온 국민이 살다가 크고 작은 인생의 삶을 마음 놓고 돌아간다면 그 인생은 잘 살다가 갔다고 할 것인데 지금 남은 우리 국민들은 앞으로 어떤 변화를 예측할 수 있을는지 예측이 어렵다.

지금 고향에 가면 내가 살던 집은 없어지고 젊은 2세들이 새집 짓고 변하는 신세대로 가고 있으니 찾고자 하는 고향은 하나의 옛 추억일 뿐이고 마을 앞산에 부모님 모시고 떠나온 후손들은 하나같이 각자가 살길에 여념이 없다.

(『혜인시대』 2024. 3. 6)

광명동굴 탐방

강남복지관 등산부 주최로 광명동굴을 탐사하였다.

1912년 일제가 자원수탈을 목적으로 개발을 시작한 광명동굴(구, 시흥광산)은 일제 강점기 징용과 수탈의 현장이자 해방 후 근대화·산업화의 흔적을 고스란히 간직한 산업유산이다. 1972년 폐광된 후 40여 년간 새우젓 창고로 쓰이며 잠들어 있던 광명동굴을 2011년 광명시가 매입하여 역사·문화 관광명소로 탈바꿈시켰다.

광명동굴은 산업유산으로서의 가치와 문화적 가치가 결합된 대한민국 최고의 동굴테마파크라는 평가를 받고 있으며 연간 100만 명 이상의 관광객이 찾는 세계가 놀란 폐광의 기적을 이루었다. 황금광산으로 개발되었던 광명동굴은 1950년을 기준으로 동굴 내 광물의 총매장량은 1만9천 톤으로 추정되며 당시 석탄 공사 자료에 따르면 1955년부터 폐광된 1972년까지 52kg의 황금을 캤으며, 광산채광을 시작한 1912년부터 1954년까지는 수백kg 이상의 황금이 채굴된 것으로 추정된다. 1972년 폐광된 것은 홍수에 의해 환경오염과 보상문제 때문이었으며, 그래서 지금도 동굴에는 많은 양의 황금이 묻혀있다는 게 전문가의 분석이다.

광명시 대표단은 2016년 5월 말 프랑스 의회와 도르도뉴주 의회

초청으로 파리를 방문해 '광명동굴 성공사례 및 라스코 동굴벽화 광명동굴전의 의미' 등을 발표해 프랑스 정치인들과 시장들에게 큰 호응을 얻었다. 광명시는 라오스 정부에도 동굴개발 성공 사례를 전수해 주고 있으며 광명동굴에는 벤치마킹을 위해 방문하는 전 세계 공무원들의 발길이 꾸준히 이어지고 있다.

반지의 제왕, 호빗 등의 판타지 영화를 제작한 세계적인 영상기업 뉴질랜드 '웨타워크숍'이 제작한 실물 크기의 골룸과 간달프 지팡이, 국내 최대의 용(길이 41m, 무게 800kg)인 '동굴의 제왕'이 함께 전시되어 있다.

광명동굴 최초의 기록은 1903년 5월 2일 가학리에 '시흥광산'이 설립되었다는 기록이었다. 일제 강점기에 들어서면서 광업권 침탈 차원에서 당시 조선총독부는 대한제국 고종황제를 압박하며 '광상조사기관'을 설치하고 금·은 광산을 발견해서 이를 독점하려고 안간힘을 쏟았다. 광명동굴 역시 1912년 고바야시 토우에몬 일본인의 이름으로 광산 설립이 되었고 '광상조사기관'을 앞세운 일제의 광업권 침탈과 관련이 있을 것으로 보인다. 당시 광산에는 대부분 농민 출신으로 징용과 생계를 위해 온 광부들이 많았으며 전성기 때에는

500여 명의 광부가 근무하였다고 한다. 일제 강점기부터 채굴된 광물들은 일본으로 보내져 태평양 전쟁의 무기가 되었고 해방 전까지 엄청난 양의 광물이 수탈되었다.

광명동굴은 108년 시간이 지난 지금도 광산 역사와 함께 상부레벨로부터 지하7레벨까지 7.8km의 갱도와 외부에 광석을 선별하던 선광장 터가 현재까지 그대로 남겨져 있다. 선광장은 한 덩이 한 덩이를 쌓아 올린 석조 플랜트와 숨 가쁘게 움직였을 기계를 받쳐주던 콘크리트 기초들이 남겨져 있어 당시 산업 건축양식을 분석할 수 있는 시설일 뿐만 아니라 산업시설로서의 용도를 파악할 수 있는 학술자료의 주요한 시설이다.

또한, 선광장 터와 더불어 광명동굴 내 지하갱도는 갱도 구조를 통해 광산개발의 방식과 통풍, 환기 등 지하갱도에서의 작업환경을 알 수 있는 살아있는 자료이다. 이러한 산업역사 현장으로서의 가치와 더불어 폐광 후 40여 년의 시간만큼 먼지 쌓인 광부들의 낙서, 이것이야말로 역사적 가치와 산업적 가치를 고스란히 간직하고 있다.

일제 강점기의 수탈의 현장이었던 시간과 함께 근대산업의 중추적인 역할을 하였던 역사의 순간까지 광명동굴은 108년의 긴 시간 동안 숱한 역사를 써 내려간 유형의 자산과 무형의 자산을 공유하고 있다. 이제 근대산업유산으로서의 보전과 문화예술을 통한 도시재생을 위한 활용을 통해 성공적인 도시재생의 사례로 남고자 한다.

(2022. 8. 20)

덤으로 사는 삶이다

뜨거운 사막에 오아시스 발견하여 갈증 해소하니 가는 발걸음 가벼워 주님의 은사로 감사기도 드린다.

지나고 보면, 은혜로운 일들이 새 삶을 엮어주니 철모르고 감사할 뿐이다.

20여 년 전 건강 상태였는데 검진 의향으로 대장암 말기 판정을 받은 바 지체 없이 입원수술로 위기 모면 후 식이요법 항암치유로 생명줄 지탱하고 있다.

은혜의 삶을 감사로 여기저기에서 봉사활동하며 쉴 틈도 없이 사는 삶인데, 작은 부위는 수선으로 살아가는데, 무통 중병을 우연히 발견하니 이 또한 은사로, 주님의 보호를 받고 있음에 먼저 감사 기도드린다.

척추 MRI 검사 중에 복부대동맥의 특이한 팽창을 발견하여 수술로 확정한다.

대동맥은 가장 굵은 혈관 중 하나로 심장에서 흉부대동맥을 거쳐 복부대동맥이 된다. 복부대동맥은 직경이 2-2.5cm가 정상인데 직경의 1.5배 이상 늘어난 경우로 뇌동맥류 다음으로 발생하는 질환이다.

동맥이 직선이면 시술로 하지만 상부가 구부러져서 개복수술로 처리한다. 의술이 급진적으로 발전하여 수술이나 시술은 신기술로 바로 처리된다.

퇴행성 변화로 나이 들면서 약해지는 혈관 벽 때문인데 동맥경화는 가족력, 유전적 또는 선천성 요인이며 세균 또는 바이러스 감염으로 여성보다 남성, 특히 흡연자에게 많이 발생하며, 고지혈증, 고혈압, 관상동맥질환, 만성폐쇄성 폐질환 등이 있다 한다.

대부분 특별한 통증이나 불편감은 없으나 치료하지 않으면 터지면서 출혈과 쇼크가 발생하여 80-90%가 사망한다고 한다.

이런 점을 고려한다면 2년에 한 번의 정기검진에 종목을 확대한다면 좋을 듯하다.

인생의 삶이란 순탄치는 아니함을 다시 한번 인식하게 된다. 강물도 유유히 흐르는 것 같지만 밑바닥 하부는 돌과 바위가 있으며 흐르는 방해물이 있을 것을 생각하면 자연 생태계도 위험물이 존재하리라고 본다.

(2023. 9. 12)

금박지 사탕 하나

눈 오는 날에도 비가 오는 날도 아침상 물리치고 주섬주섬 챙겨입고 바랑 같은 배낭을 메고 마치 종교 홍보 겸 전도사처럼 간결한 복장과 웃음 간직하고 나서는 길이 즐겁기만 하다.

오전 8시 20분이면 셔틀버스 같은 장애인과 노인을 위한 무임 버스가 어김없이 도착한다.

나는 20분 전에 승차장에 도착하여 아침 맑은 공기 마실 겸 또는 간단한 다리운동을 할 겸 도착하여 주변을 서성이며 출근길 바쁜 사람들 특히 젊은 청년들을 보게 되는데 무조건 칭찬을 해주고 싶다. 버스 정류장은 도로변에 비 가림 아래 긴 의자 하나뿐인데 춥거나 눈비가 올 때는 두어 사람이 피하는 것으로 안성맞춤이다.

젊은이들이 보무도 당당한 모습으로 출근 차량을 기다리는 모습에 고목인 나의 마음에 힘을 전하는 듯하여 나도 모르게 힘이 나고 기분이 좋다.

나는 고등학교 학생 시절 국어책에서 민태원이 지은 「청춘예찬」이란 수필을 배운 기억이 생각이 난다.

청춘! 이는 듣기만 하여도 가슴이 설레는 말이다. 청춘! 아, 너의 두 손을 가슴에 대고 심장의 박동을 들어보라, 청춘의 피는 끓는다. 끓는 피에 심장은 거선의 기관같이 힘찍다.

이것이다. 인류의 역사를 꾸며 내려온 동력은 꼭 이것이다. 이성은 투명하되 얼음과 같으며, 지혜는 날카로우나 갑 속에 든 칼이다. (중략)

석가는 무엇을 위하여 설산에서 고행(苦行)을 하였으며, 예수는 무엇을 위하여 황야에서 방황하였으며, 공자는 무엇을 위하여 천하를 철환(轍環)하였는가, 밥을 위하여서, 옷을 위하여서, 미인을 구하기 위하여서 그리 하였는가, 아니다. 그들은 커다란 이상 즉 만천하의 대중을 품에 안고 그들에게 밝은 길을 찾아주며, 그들을 행복스럽고 평화스러운 곳으로 인도하겠다는 커다란 이상을 품었기 때문이다. (중략)

이런 내용을 생각하니 출근에 게으르지 않고 한시라도 먼저 가려고 오는 차를 기다리는 모습은 크게 박수 치고 싶다.

하루를 시작하는 아침 출근길이 너무나 힘차 보인다. 내가 기다리는 차량이 도착하여 운전 기사에게 수고하신다는 가벼운 인사를 정중하게 하고 자리에 앉으니 나도 모르게 안도감이 든다.

최근 들어 뉴스를 보면 안전지대가 없다. 돌발사고는 예상을 못하게 발생하여 힘없이 급변을 당하는 긴급뉴스다. 내가 탄 차량은 노인과 장애인들 용이다. 휠체어로 탄 사람도 있으며 안내자의 부축을 받으며 승하차를 하는 겨우도 있다. 참으로 다행한 배려로 복지 정책에 찬가를 준다.

차창에 비친 시가지는 역시 분주하다. 승용차들이 지나고 차를 타기 위하여 정류장으로 가는 사람들도 빠른 걸음이다. 이렇게 모두가 바쁜 모습은 다시 한번 경각심을 가져야 할 것이며 고마운 형상이다.

복지관 앞에 도착하여 하차를 하는데 안내봉사자가 있어서 차분하게 인사하며 하차를 도와준다. 얼마나 고마운 일인가! 말 한마디로 천냥 빚을 갚는다고 하듯 따뜻하고 아름다운 마음을 더욱 따뜻하게 덥혀주는 듯하여 더욱 든든한 이웃을 생각하게 된다.

복지관에 도착하니 복도에는 10여 명쯤 되는 회원들이 의자에도 복도에도 앉아 있는데 안내를 하는 자리 같은 의자의 여성 어르신이 앞을 지나는 나에게 방긋 웃음 띠며 손을 내민다. 그래서 나도 모르게 반사적으로 손을 내밀었더니 비닐에 쌓인 사탕 하나를 준다. 하면서 "심심할 때 입에 넣고 맛 보세요." 나는 무심코 고맙습니다 하고 지나갔지만 바로 입에 넣지 않고 다른 의자에 앉아서 30여 분의 여유시간을 휴식처럼 기다린다.

난 인생을 잘 살았다고 말하고 싶지 않지만 출근 시간이 아니어도 나에게 알사탕 하나 준 가족이나 친지는 없었다.

돌이켜 보면 나에게 준 사람이 없었다고 말하기 전에 나는 남에게 친지에게라도 알사탕 같은 것을 준 일이 있던가? 반성 같은 생각을 해 본다. 욕심쟁이 할배가 남에게 베풀지도 못하면서 받기를 원하는 늙은이 행태를 가졌구나 하고 나 자신이 부끄럽기만 하다.

힘들게 먼 거리를 온 지금 무엇을 배우려고 왔는가?

괜스레 반성 같은 생각이 나 자신을 위축시킨다. 한때는 덕불고 필유린이란 말을 잘도 했는데 오늘따라 알사탕 하나 받아 인생을 반성하는 의자 위의 돌부처가 되었다.

(『혜인시대』 2023. 5. 1)

2

줄탁동시(啐啄同時)

찐 밤을 먹으며

한식(寒食)이 지나고 곡우(穀雨)가 성큼 가까이 오면 농촌에서는 침종(浸種)을 서둔다.

계절에 맞게 봄비가 소리 없이 아침부터 내리는데 아직도 잠자는 가로수는 두툼한 외피를 흠뻑 비에 목욕을 하듯, 그 옆 벚꽃은 봉오리마다 방울방울 눈물 흐르듯 빗물이 뚝뚝 떨어지는구나. 이 계절 나의 고향에서는 침종(浸種)하느라 일손이 바쁘겠지만 도시에서는 상상을 못 하고 너도나도 모두가 벚꽃 놀이에 마음 설레고 있다. 코로나19의 급진적인 확진자와 사망자가 3백여 명이라는 소식에 기가 죽어 마음 다잡고 집안에서 머물다 보니 인내력 싸움이다.

집안에 오래 있으려면 주전부리가 생각이 나서 마트에 가서 늙은 몸에 좋다고 하는 것을 고르다 보니 영주 사과도 보은 대추와 당근 그리고 공주 특산품인 밤과 청양의 구기자도 구입하게 되었다. 대추와 구기자를 전기밥솥에 넣고 낮은 온도로 끓여 내어 식간에 음료수로 마시면 건강에 좋다 한다. 묵은 밤이라 색깔은 맑지 못해도 통통하게 잘 영글어서 맛있어 보인다. 생밤으로 먹어도 좋으련만 어려서부터 찐 밤을 좋아해서 솥에 넣고 물을 반쯤 부어 약 30여 분 동안 삶은 것을 찬물에 담갔다가 건져내어 식힌 후에 소쿠리에 담아서 먹을 채비를 한다.

나는 10남매 막둥이로 태어나서 할머니 같은 어머니 치맛고리만 잡고 어린 시절 성장한 것을 기억한다. 아버지는 적극적이며 열성적으로 매사에 진취적인 성격으로 밤에는 한문(漢文) 공부를 독학으로 주경야독(晝耕夜讀)하는 모범적인 농부로 생각되는데 읍내에 있는 향교(鄕校)의 전교(典校)로 일하시는 관계인지 조율이시(棗栗梨柿) 준비로 밭두렁 여러 곳에 대추나무와 밤나무 그리고 배나무와 감나무를 정성 들여 가꾸는 것을 볼 수 있었다. 가을철이 되면 아버지는 빨갛게 익은 대추도 알밤도 그리고 홍시를 두어 개씩 따다가 어머니를 주신다. 그 시절 55세면 농촌에서는 노인 축으로 인식하게 된다. 특히 10남매나 생산하셨으니 남보다 더 늙은 모습일 거다. 말수가 없으신 편이라 사랑의 표현을 말로는 못 들어보았다.

먹을 것이 있으면 가까이 오라 해서 입어 넣어 주신다. 그리고 엉덩이를 토닥토닥 두들긴다. 그것이 어머니의 나에 대한 사랑 표현이다. 생각하면 전율을 느끼게 한다. 일요일 아침이다. 날씨는 끄느름하고 바람도 생각보다 차가워 외출보다는 방에서 TV를 벗 삼아 보내는 것이 이 시점에서는 올바른 선택이기도 하다, 하루에 코로나19로 사망자가 300여 명으로 발생한다니 나 같은 나이배기에게는 걸렸다 하면 백발백중(百發百中) 치명타(致命打)다.

삶아 논 밤을 먹어가며 흘러간 옛 노래 감상하면서 유유자적(悠悠自適)의 마음으로 찐 밤과의 대화를 시작한다. 5대 영양소가 가득 담긴 잘생긴 밤 한 톨을 손에 들고 작은 식칼로 힘주어 두 동강이로 절단한다. 아파도 아무런 반응 없이 하얀 속살이 찌그러진 달 모양으로 두 개가 된다. 작은 수저를 하얀 속살 가부터 진입하면 하얀 속살이 수저 안으로 가득 담겨 나온다. 상대가 없으니 무조건 누구 눈치 볼일 없이 내 입으로 직행이다. 부드럽고 담백한 그 맛은 나이

든 입에도 촉감은 여전하다.

국민학교 1학년 시절 초저녁에 어머니는 땅속에 묻어둔 밤을 삶아 같이 먹던 생각이 앞지른다. 어머니는 치아가 성치 못해 항상 찐 밤과 홍시를 드신다. 찐 밤을 자르고 수저로 하얀 속살을 파내어 순식간에 나의 입에 넣어 주신다. 그러기를 서너 번 그리고 나서 어머니가 드신다. 언제나 내가 먼저였다. 어머니 사랑은 언제나 자식이 먼저인가 보다. 오늘따라 망운지정(望雲之情)의 감정이다. 생각할수록 눈물이 고인다.

대추차가 잘 끓여지니 한 컵을 떠서 목 축이고 계속 속살 파기 시작한다. 이렇게 한 톨 두 톨 배를 가르고 속살을 퍼내어 먹는 순간 밤들에게는 폭군 같은 위협적인 점령군 행위이기도 하다. 빈 껍데기가 여기저기 동댕이쳐 있는 모습은 전쟁터의 패잔병 시체 같기도 하다.

탄수화물, 지방, 단백질, 비타민, 미네랄 등 5대 영양소가 완전식품인 밤은 영양도 챙기며 시장기도 면하게 되니 홀아비에겐 애인 같은 간식품이다.

(2022. 12. 16)

바람 따라 구만리(九萬里)

언 땅에 훈기(薰氣) 주고 메마른 가지에 습기를 품어주어 땅에서 김이 서리며 흙이 갈라지고 가지마다 윤기를 실어주는 미풍이 살포시 접근하면 가지가 숨을 쉰다. 나무뿌리는 물기를 빨아 목을 축이며 가지에 실눈 같은 싹을 틔워 하늘을 향하여 함성을 지르듯 생명의 몸부림이 가지마다 미동(微動)으로 재생(再生)의 깃발을 보인다.

엄동설한(嚴冬雪寒)에 얼마나 고생을 하였나. 인동(忍冬)의 긴 터널을 빠져나와 재생의 날만을 기다리며 오늘이 오기까지 참고 견디며 죽은 듯이 역사(歷史)를 만들었다.

중학교(中學校)를 졸업(卒業)하고 공부를 더 하려고 고등학교(高等學校)를 찾아 나선 것이 주경야학(晝耕夜學)의 출발점이다.

감정(感情)도 감성(感性)도 잊은 미성년(未成年)의 나이에 성인도 힘들어하는 힘든 노동(勞動)을 일과처럼, 그것도 즐겁게 기회를 놓칠세라 작은 걱정을 하며 오로지 공부가 목표라는 생각으로 힘들어하지 않고 즐겁게 이겨내는 정신력(精神力)이 오늘의 마중물이 되었다.

꽁꽁 얼어있는 호수에 낚싯대를 담가놓고 낚시를 하는 마음으로 차가운 얼음 위에서 일하며 소임을 다하고 선한 마음 다 바쳐오는 중에도 오로지 살아보겠다고 흐르는 땀을 닦지도 못하며 공기처럼 존재하는 하느님만을 의지해 왔다. 그러다 보니 공기 맑고 햇빛 따스한 강가에 계곡 움막 속에서 붓과 종이를 벗 삼아 작품을 다듬고 또 다듬으며 작은 만족에 지상 최대의 행복 호흡을 한다.

주야로 지나온 이동(移動)과 활동(活動)의 시간을 수로 표현하기는 어색하여 어림잡아 두 손가락으로 접어 보니, 그 많은 시간의 늪에 빠져 허우적거리며 구만리(九萬里) 강물이 된 듯하니 어디가 종점인가 묻지 말고 물은 흘러도 타고 온 배가 멈추면 돌아가는 길이련가 하고 감사기도로 하선을 하오리다.

(2023. 5. 12)

우정(友情)에 대하여(on friendship)

- Kahlil Gibran's 「The prophet(예언자)」에서

'당신의 친구란 당신의 부족함을 채워주는 자'

그는 바로 당신이 사랑으로 씨 뿌리고 감사드리는 마음으로 수확(收穫)하는 당신의 들판입니다.

우정 속에서는 말 한마디 없이도 모든 생각과 욕망(慾望) 그리고 기대들을 조용한 기쁨과 더불어 탄생시키고 함께 나눌 수 있으니까요. 그리고 우정에서 영혼(靈魂)의 고양(高揚) 외에는 다른 어떤 목적도 구하지 마세요.

다른 것을 구하는 사랑은 사랑이 아니요. 단지 던져진 그물일 뿐이니까요. 혹 그가 당신의 썰물일 때를 봐야만 하겠다면, 그에게 밀물일 때의 모습도 함께 보여주세요.

함께 시간이나 죽이는 친구가 무슨 의미가 있을까요?

늘 함께 살아있는 시간을 느낄 친구를 찾으세요.

친구란 당신의 부족함을 채워주는 사람이지 공허(空虛)를 채워주는 사람은 아니니까요.

아주 작은 이슬 속에서도 마음은 자신의 아침을 발견해내곤 생기를 되찾으니까요.

오늘은 소서(小暑)인데 폭염(暴炎)과 장마로 지역적 이상 기후의 양상을 보인다. 새벽 4시경 골목길을 걸으니 나를 보여주는 그림자가 전후좌우로 그리고 길고 짧게 나타나고 있다.

마치 내가 살아온 지난날의 비하인드 스토리(behind story)가 영상으로 보이는 듯하여 잠시 멈춰 섰더니 그림자도 멈춰 서고 움직이지 않는다.

나에게 우정은 대학 시절 동고동락(同苦同樂)을 한 두 학우(學友)가 있다. 우리는 공부를 하기 위하여 객지에서 한방, 한 밥상에서 그러니까 침식(寢食)을 같이 하였다.

성장 과정과 가정환경 역시 다른 환경에서 성장한 젊은 혈기의 청년들이 장래 교육의 선구자(先驅者)가 되겠다는 일념으로 4년을 같이 했다.

서로의 장단점을 잘 알고 동고동락을 했으니 사회에서 서로 떨어져 생활을 하면서도 마음은 항상 우정(友情) 속에서 농축된 것이다.

60여 년이 지난 오늘 생각하면 두 친구는 이미 저세상 사람이 되었지만, 우리의 우정은 진실로 맺어졌다. 각자의 위치에서 열심히 자기 업무에 최선을 다하고 미련과 아쉬움을 가슴에 안고, 그리고 할 만큼 다 하고 후회 없이 정리한 듯 나보다 먼저 저세상으로 갔다. 4년간의 동고동락이었지만 같은 목표를 위한 젊은 혈기 왕성기의 우정은 순수하였고 희비극이 우정을 더욱 다지는 값진 시간으로, 그보다 더 좋은 우정을 찾지 못한 오늘, 종착역의 마지막 손님이 되었다.

(2020. 10. 15)

침목(枕木, sleeper rail)

경기도 의왕시 월암동에 위치한 철도 박물관을 방문할 기회가 되어 준비를 하고 나섰다.

우리나라의 철도 역사를 한눈에 볼 수 있어 이해에 크게 도움이 되었다. 특히 나의 눈길을 사로잡는 부분이 있다. 그림에서 볼 수 있는 침목(枕木)이다.

레일(rail)을 소정 위치에 고정시키도록 지지함과 동시에 차륜(車輪)의 하중을 도상에 넓게 분포시키기 위해 레일 밑에 깔아놓는 목재로 보통 침목이 있고 교량 침목, 이음매 침목, 협궤 침목, pc 침목이 있다.

보통 침목은 15×24×250(cm)의 규격으로 무게는 약 80kg인데, 제일 많이 쓰이고 있는 표준이 되는 대표적인 침목이다.

침목은 나와 깊은 인연을 가진 존재이다.

1955년 주경야학을 하려고 부산에 간 것이 침목과의 인연이다. 야학(夜學)하기 위하여 주간에는 돈을 벌어야 하기 때문에 돈이 되는 일을 하기 위하여서는 좋은 일감을 찾아야 한다.

동래 온천지역에 숙소를 정하고 도시락 하나를 가방에 넣고 전차를 타고 범일동과 범천동으로 나온다. 때로는 전차비를 절약하려고 걷기도 한다.

돈을 마련하기 위하여 무엇이든지 해야 하는데, 그러니까 돈도 벌고 공부도 해야 한다. 그래서 공부를 하기 위하여 돈을 벌어야 한다.

나는 젊은 청춘이므로 무엇이든지 가능성이 풍부하고 할 수 있는 자신감을 가진 젊은 청춘이다. 열정과 인내를 다 가진 것이 청춘이다. 청춘의 열정과 욕망은 아무도 막을 수 없다. 할 수 있다는 집념만이 미래를 약속할 수 있다.

판박이라고 하는 흰 천에 색색 무늬를 찍어내는 공장 일부터 나무 젓가락을 팔기도 했고, 아이스케이크는 물론 옷핀을 팔기도 했다.

그러나 그런 작은 물건을 팔아서는 하루 한 끼도 못 먹을 지경이라서 오래는 못하였다. 결국 부산 제1 부두와 제2 부두에서 힘든 일을 해야만이 일당으로 큰돈을 얻을 수 있다고 해서 학교 급우와 같이 동행하여 하역작업을 하기로 하고 배에서 침목을 하역하고 다시 기차에 상차작업을 시작하였다. 그러니까 80kg 침목을 어깨에 메고 하역하고 다시 기차에 상차를 하였다.

그 시절에는 침목이 나무이며 기름을 잔뜩 먹여서 쉬 썩지도 아니하지만 무겁기는 상상외다. 물건을 이동하는 기중기가 넉넉지 못한 상태라 사람의 힘으로 하역작업과 상차작업이 이루어진다. 80kg 침목을 어깨에 메고 일할 때는 힘든 줄 모른다. 일을 마치면 많은 돈을 가질 수 있으니까. 우리 일행 5명은 한 조가 되어 부두에서 열심히 일하는 청년들이었다. 힘든 일이지만 일거리가 있으니 우리에게는 다행한 기회로 힘든 시간이 쉬 잊히고 있었다.

세월이 많이 지난 오늘 그 시절의 생활을 생각하면 불가사의한 일로 여겨진다. 80kg 침목을 그것도 사각기둥 기름 먹인 나무로 무게와 생김새도 압박을 주는데 돌이켜 보면 공부 하나를 하려고 억척을

떤 것으로 오늘이 온 것이 아닐는지 오히려 감사한 시절이라고 생각을 하게 된다.

밤이면 학교에 가는 것만이 최상의 즐거움이었다. 그렇게 힘든 시간을 보내면서도 영어로 일기를 꼭 쓰고 큰 욕망을 가져보았다. 6·25 전란 후라서 사회 분위기는 힘든 생활 모습이 전부였으니 현실 만족에 감사를 했지만 나는 미국 유학의 꿈을 가지고 항상 영어 일기를 쓰고 있었다.

우리 일행은 일을 마치고 부산 앞바다의 물에 반신욕을 하고 각자 도시락을 펴서 같이 식사를 하고 하루 일과의 피로를 풀고 학교에 가는 길이 가벼워졌다.

도시락의 밥은 두 끼뿐이다. 점심과 저녁을 해결하고 일과를 마친다.

박물관에 전시된 침목을 보는 순간 나의 학창 시절이 그래도 행복한 시절로 나 자신에 위로를 한다. 지금은 침목이 아니고 시멘트로 형을 만들어 사용하니 수입을 할 필요가 없다. 침목은 철도의 역사를 담은 박물관의 지킴이가 되고 있다.

(2013. 5. 20)

감기(感氣)

9월 17일 아침에 목이 불편함을 느꼈다. 목감기 증상이다. 그래서 19일 이화내과의원에 가서 감기 진료를 받고 왔다. 그러나 하루가 가고 이틀이 지나도 차도는 없다.

오늘이 25일인데 어젯밤에는 몸과 마음이 약해졌는지 꿈에 돌아가신 어머니의 장례 소식과 이승을 떠난 형님과 누님의 모습을 보았다. 정신적으로 허약했든지 아니면 육체적으로 피곤했든지 하여간에 정상은 아니라고 생각한다.

내가 걸린 독감은 너무나 심하다. 매일 같이 근육주사와 혈관주사를 맞으며 치료를 하는데, 결국에는 의사의 처방대로 CT 촬영까지 했다. 결과적으로 폐에 약간의 증상이 보인다고 하여 겁이 났는데 아무래도 병력이 있는 듯하다고 한다.

의사의 처방에 따라 생활치유법을 하기도 하지만 나 자신에게 강한 힘을 주어야겠다고 생각하고 나 자신과의 싸움이 시작된다.

인간은 만물의 영장이라 하는데 허약한 정신력과 고통에 대한 인내력의 감소로 쓰러진다면 자연 속에서 방향을 잃고 패하고 만다.

TV에서 아프리카 인간의 파멸 장면이 뉴스처럼 방영되는 것을 보았는데 그 사실은 하루 이틀의 사연이 아니고 일상적인 사안인데 도움을 주자면서 기부를 하라고 간접 광고를 한다.

우리나라는 저출산으로 나라 걱정인데 그곳은 생활이 어려운데도 다산으로 가난을 가속하고 있다. 그들에게는 감기 정도의 고통은 아무것도 아니다. 환경에 따라서 삶의 형태와 방식이 차이가 있기 마련인데, 이런 상태를 균형을 유지하려는 것은 개인의 힘이나 주변의 일시적인 도움으로 해결이 어려운 일이다.

우리는 누구나 자기의 위치가 있기 마련이다. 상위 1%의 부자들에게도 하위 99%의 삶에도 희비가 있기 마련이므로 자신의 긍정적인 마인드가 삶의 가치를 주게 될 것이다. 건강관리는 자신과의 싸움이다.

(2011. 9. 25)

2010년 경인년(庚寅年)을 맞이하여

금년은 경인년이다. 즉 호랑이의 해라는 것이다.

내 나이 73세로 호랑이띠이다. 그러니까 1938년에 출생했다는 것이다.

호랑이는 우리나라 설화(說話)와 민담(民譚)의 단골 메뉴처럼 나오는 동물이다.

외로움과 용맹함으로, 때론 어수룩함과 친근함으로 우리 주변에서 자주 등장하는 이야기의 소재이기도 하다.

삶의 지혜(知慧)를 담은 속담(俗談)과 경구(警句)에서도 등장한다.

"호랑이에 물려가도 정신만 차리면 산다"
"호랑이를 잡으려면 호랑이 굴로 들어가야 한다"는 등.

육당 최남선이 우리나라를 호담국(虎談國)이라 한 것도 호랑이와 관련된 속담인데 지명이 389개나 되는 데서 연유된 것으로 안다.

올해의 경인년은 천간(天干)은 오행(五行)으로 흰색과 금(金)을 뜻하며 음양(陰陽)으로 양(陽)의 기운으로 갈색 칡범이 아니라 백호(白虎)의 해라고 한다.

백호는 청룡(青龍), 주작(朱雀), 현무(玄武)와 함께 신묘한 영물(靈物)이며, 하늘의 사방을 지키는 사신수(四神獸) 중 하나로 수호신(守護神)이다.

청룡(青龍)은 동쪽을 백호(白虎)는 서쪽을, 주작(朱雀)은 남쪽을, 그리고 현무(玄武)는 북쪽을 지키는 수호신이다.

역술인들은 같은 호랑이라도 경인년은 돈과 칼의 기운이 더욱 세다고 한다. 그래서 이 해에 태어난 남성은 무관과 공직에 진출하고 여성은 의사와 약사가 많다는 것이다.

우리나라 1,000대 기업의 최고경영자 중에 122명이 범띠이며 그 중 71명이 경인년에 출생한 자라 한다.

한편 양극성이 강해서 급변의 시기로도 보는데, 1950년의 6·25전쟁과 1890년의 일제 침탈을 예로 볼 수 있다.

2010년 경인년은 역시 새 시대의 전환점이기도 하다. 녹색성장과 G20 정상회의도 주재하며 세계의 중심적인 위치에 있게 되는 것이다.

국운이 호랑이에 날개를 단 것으로 힘차게 비상하는 한 해가 예견되기도 한다.

대한민국의 20세기는 시련과 치욕으로 시작되었다. 봉건의 늪에서 나오기도 전에 일본 제국주의 침략으로 국권을 상실했으며, 즉 1910년 8월 29일 경술국치(庚戌國恥)와 그리고 1950년 6·25전쟁으로 남북분단의 유산이, 동족상잔(同族相殘)의 비극으로 전 국토가 초토화된 참화(慘禍)였다.

1960년 4월 19일 민주화운동, 개인소득 900달러 수준, 척박한 삶 속에서 우리 국민의 민주주의 열망은 들끓었다.

4 · 19 함성은 새로운 민주주의를 창출한 것이다. 1970년 7월 7일 반대의 여론을 뒤로하고 경부고속도로 건설은 20세기 산업화의 동맥이 21세기형 네트워킹을 재축하는 계기가 된 것이다.

우리나라는 100년 동안 놀라운 성장한 것이다. 100년 전의 우리나라 모습은 상상하기 싫은 못난 꼴이다. 개인이든 나라든 위기는 언제 어디서나 형태를 달리해서 찾아오게 마련이다. 2010년의 새해는 대한민국의 국운이 그리고 나의 행운이 한껏 솟아오르길 기원하는 바이다.

(2010. 1. 1)

고목(古木)

오늘이 2009년 12월 25일이다.

아침 7시 지하철을 타고 두 정거장 근처에서 근무를 해야 하는 것이 나의 오늘의 일과이다.

우리나라 기온은 삼한사온(三寒四溫)이라고 하는 말은 내가 어릴 적부터 들은 말이다. 그래서 우리나라 기온이 세계에서 제일 좋은 나라라고 한다.

며칠 전에는 몹시 추운 날씨였다. 그래서인지 오늘의 아침 기온이 어제처럼 사납게 추운 날씨가 아니었다. 25일은 성탄절(聖誕節)로 공휴일이다. 그래서인지 출근 시간 지하철에 앉을 자리가 많이 비어 있다.

대부분 사람들은 어설픈 인상으로 피곤을 담고 있는 듯 보기도 편한 모습이 아니다. 일을 마치고 집으로 가는 사람도, 집에서 일터로 가는 사람도 같은 기분은 아니어도 즐겁고 기분 좋은 표정은 아니다. 나 역시 오늘 같은 날은 교회에 가서 성탄 예배를 드리면 딱이나 좋으련만, 입에 거미줄을 치지 않으려면 아무 소리 말고 근무자와 교대를 해야 한다.

1963년 육군 포병부대에서 사병으로 복무할 때, 군인은 경계근무를 하는 것은 당연한 일과였다. 경계근무는 야간에 실시하는데 2시간을 단위로 교대 근무하고 있다. 근무자는 교대시간을 기다리고 있기 마련이다. 교대시간 5분 전부터는 교대자가 오는 길목을 눈을 부릅뜨고 보고 있는 것이 공통적인 심리이다. 5분간의 기다림은 평상시 1시간보다 더 길게 느껴진다. 교대자가 상위계급자라면 항상 교대시간을 넘겨서 나온다. 그렇다고 무어라고 말을 할 수 없다. 군대는 계급사회로 엄격한 규율이 존재하니까. 2시간 후에는 나도 마찬가지로 상대방에게 기다림의 존재가 될 것이지만 미리 예측하고 성실한 교대자가 될 것이라는 생각은 잊고 있기 마련이다.

교회도 못 가고 출근하는 마음을 누가 알까마는 생계와 직관된 일이니 현실에 만족하고 근무에 충실해야 한다.

자동차 정비공장 넓은 마당에 수리(修理)가 덜 된 차량 5대와 신차 5대가 지킴이처럼 마당을 지키고 있다. 아침 시간이라서 사람들의 왕래가 뜸한데 골목에서 몰려오는 바람은 밤사이에 잔해를 청소라도 하려는 듯이 흩어진 휴지 등을 몰고 다닌다. 휴지 중에는 신체 발랄한 젊은 여성의 나체사진이 아무런 가림도 없이 남성을 유혹하는 문구와 행위 등을 암시하는 내용이 적힌 채 어지럽게 춤을 추고 있다. 그뿐이 아니라 술집 광고 역시 술꾼을 호객하는 간단한 천연색 종이가 같이 춤추고 있어서 청소하는 입장에서는 잠시 곤욕스러운 존재이기도 하다.

3일 전에 목이 따끔거리고 머리가 아파 결국은 감기에 걸렸다. 이런 경우 약국에서 감기에 특효성을 지닌 감기약을 먹으면 쉬 풀리고 기분이 좋은데 예전 같지 아니하고 기분이 몽롱하고 정상이 아니다. 몇 년 전만 해도 사철 찬물로 세수하고 등목도 거뜬하게 했는데 나이가 들어가니 모든 기능이 떨어지는 것을 실감하게 한다.

나는 인생이 억울하여 30년을 더 살아야 한다고 늘상 욕심처럼 말하기도 하는데 감기를 이기지 못하는 몸이 되고 보니 나 자신에게 충고해야겠다고 자문자답을 한다.

이타정신(利他情神)의 결과를 남기고 싶은 심정으로 그날을 위하여 열심히 사회복지학을 배우고 익혀서 돈도 없고 늙은 몸으로 병고로 사시는 사람들에게 복지의 혜택을 기여하고자 오늘의 노력에 힘을 실어준다.

(2009. 12. 25)

나눔과 열림

어떤 재산가(財産家)가 자신을 "억대 거지"라고 표현하는 말을 들은 적이 있습니다. 돈이 아무리 많아도 마음의 가난은 면할 수 없다는 하소연이었습니다. 환자를 치료하는 의사가 자신을 마음의 병자라고 표현하는 말을 들은 적도 있습니다. 자신의 직업에서 보람을 느낄 수 없다는 의미였습니다.

재산(財産)이나 명예(名譽), 권력(權力)을 지닌 사람도 자신의 인생에서 기쁨과 보람을 느끼지 못한다고 말하는 경우를 종종 접하게 됩니다. 남이 들으면 배부른 푸념이라고 비난을 받을 수도 있는 말입니다.

외형적인 성공(成功)이나 성취(成就)가 반드시 인생의 성공을 의미하는 건 아닙니다.

우리 사회는 오직 성공과 성취만 중시하는 목표 제일주의(第一主義) 경향이 강하지만 실제 인생에서는 성공과 성취 이후의 삶을 어떻게 펼쳐 가는가에 따라 인생의 전체적인 의미가 달라집니다. 성공(成功)하고 성취(成就)하는 사람은 많지만 그것이 곧 인생의 기쁨과 보람으로 직결되지 못하는 이유가 무엇일까요.

성공과 성취는 개인적인 차원에서 다르다고 봅니다. 성공과 성취를 위하여 최선을 다해 노력하고 남과 경주하여 자신의 목표를 이뤄

냅니다. 돈을 벌고 자격을 얻고 명성(名聲)을 얻는 일이 모두 그것에 해당합니다. 하지만 성공과 성취를 통해 사회적으로 인정을 받은 이후부터는 성취한 전문(專門)성을 사회와 공유(公有)하고 기여(寄與)하는 일에 써야 합니다.

돈을 많이 가진 사람은 그것을 사회에 환원(還元)하기 위하여 노력하고, 의사(醫師)가 된 사람은 자신의 의술로 병마로 고통받는 사람들에게 치료를 해주는 것입니다. 나눌 줄 모르는 재산은 마음을 황폐(荒廢)하게 만들고 이바지할 줄 모르는 사람은 전문(專門)성을 돈을 벌기 위한 하나의 수단으로 전락시킵니다.

워런 버핏(Warren Edward Buffett)과 빌 게이츠(William Henry 'Bill' Gates III)가 자신의 재산을 세상과 나누는 일에 골몰하는 건 그것이 성공과 성취보다 훨씬 소중하고 값진 차원임을 알기 때문입니다.

거기에는 물적 가치로 바꿀 수 없는 기쁨과 보람이 있고 그것은 세상을 밝히는 광휘(光輝)로 되살아납니다.

성공하고 성취하는 사람은 많아도 그것을 세상을 밝히는 발판이나 거름으로 삼는 사람은 많지 않습니다. 그래서 재산을 얻고도 우울증에 시달리고 전문직에 종사하면서도 보람을 느끼지 못합니다. 오직 자신만을 위한 삶, 자신 안에 갇힌 삶을 살기 때문입니다.

인생의 기쁨과 보람은 성공과 성취에서 끝나는 게 아닙니다. 그것을 발판삼아 세상에 이바지하고 기여할 때 비로소 온전한 삶의 궤도에 진입할 수 있습니다. 그것이 공존이고 그것이 나눔입니다.

나눔을 통한 공존, 공존을 통한 나눔은 생명세계의 근원적인 그물망입니다. 자신이 하는 일의 의미를 개인의 차원에서 생각하지 말고 세상과의 연계성을 생각하면 보람과 기쁨의 근거가 절로 눈을 뜹니다.

온전한 복을 누리려면 어떻게 해야 할까?

높은 지위에 오르면 그 은덕은 백성에게 베풀어 함께 나눈다.

지위를 얻지 못해도 길이 아닌 길로는 가지 않는다. 명예와 지위는 바르게 산 것에 대한 하늘의 보답이다.

시련(試鍊)의 날을 견뎌낸 사람만이 지금 누리는 복의 즐거움을 누릴 자격이 있다.(다산어록청상)

우리는 모두 '나'라는 낱 단위에서 출발하지만 나눔과 공존의 의미에 눈을 뜨면 '작은 나'는 죽고 모두가 하나되는 우주적 자아(自我)가 눈을 뜹니다. 나누는 마음, 그것이 곧 모든 것을 여는 마음입니다.

(『혜인시대』 2024. 1. 29)

나 자신과의 도전

내 건강은 내가 만드는 것이라고 장담하고 싶다. 하나에서 열까지 모든 행동을 내 생각대로 내 판단대로 한다고 해서 모든 것이 쉽게 이루어지기는 어렵다.

자기 관리란 인간 철학의 기본이요 기초이다.

동양의 고대사회에서는 수신(修身)으로, 조선시대 율곡(栗谷) 선생은 수기치인(修己治人)으로, 또 유교(儒教)에서는 인(仁)으로, 기독교에서는 사랑으로, 불교에서는 자비(慈悲)로, 서양에서는 Self Control로, 일본에서는 자기 교육력으로 표현된다고 한다.

그러니까 꼭 이것이다라고 정의(正義)하기 어려우므로 포괄적(包括的)인 의미로 이해되어야 한다.

자기관리(自己管理)를 시간(時間)관리(때 관리)와 사건관리 즉 일반관리로 나누어 생각하면 건강(健康)관리, 체력(體力)관리, 학력(學力)관리, 재정(財政)관리 등을 일반관리로 나누어 생각하는데 이 중에서도 건강관리를 우선적인 부분으로 꼽고 싶다.

건강한 육체를 보전하기 위해서는 그 조건이 너무나 많다. 가정생활에서, 직장생활에서 그리고 사회생활에서 관심을 가지고 실행해야 할 일들이 많고 좀 복잡하다.

건강한 육체에서 건강한 정신이 생긴다고 했듯이 가장 중요한 것이 건강한 육체를 유지 관리하는 것이다.

나는 내 육체를 너무나 학대했는지도 모른다. 그러나 내 육체를 헌신짝처럼 함부로 다룬 것은 아니지만 육체를 건강하게 하기 위하여 투자를 못한 것은 사실이다.

종합검진도 부분 검진도 받아 본 일이 없었으니 해도 너무 했다. 승마선수가 자기 애마(愛馬)를 다듬고, 닦아주고, 털 고르기를 하듯이 나 또한 나 자신에게 다듬고 닦아주며 몸 관리를 하기로 했다.

사람은 어디에서 왔으며 어디로 가는 것인가?라고 자문하면서 생각이 깊어진다.

즉 정통성과 주체성을 분명하게 알면 인생을 바르게 살 수 있을 것이다.

나는 6개월 전에 내 몸에 이상이 있을 것이란 예감에 종합진찰을 받으니 대장암(大腸癌) 3기라고 하여 바로 입원하여 수술을 받았다. 결코 우연한 일은 아니다. 암(癌)을 제거하면 생명을 건강하게 연장할 수 있다는 조언에 감사를 가진다.

나는 채식주의자다. 시골 농촌에서 성장했으니 주변에 모두가 채소로 풍요를 느낀다. 대장암 수술 후에 채소를 주식으로 식단을 마련하고 항암치료를 겸하였다. 농산물유통센터에 가면 상추와 쑥갓 등을 100g에 750원 하는 것을 800g 정도를 구입하면 1주일은 그냥 먹을 만하다. 야채에 쌈장을 바르고 쌀밥을 놓아 먹으면 씹히는 맛이 신선하고 고소하여 식감이 입맛을 더한다.

주변에서 야채만 먹고 무슨 힘을 쓰겠냐고 걱정하는 이웃이 있다. 나 어릴 적 집에서 황소를 기르고 농사철이면 논과 밭을 소가 쟁기로 땅을 일구며 힘든 일을 하였다 그 시절 소에게 먹이는 풀과 짚풀이 전부였다. 그래도 힘든 농사일에 큰 보탬이 되었다. 이런 사례를 보아도 야채만 먹는다고 힘 빠진 육체로 나약한 사나이가 되지는 않는다.

대장암 수술 후에는 항암치료를 받지 않았다. 나의 작은 소견으로 식이요법으로 하는 것이 좋은 방법이라 생각으로 항암치료를 거절했다.

베타카로틴을 함유한 당근, 시금치, 부추, 호박 등 녹황색 채소를 먹음으로써 인체 내에서 활성(活性) 산소(酸素)를 제거하고 암세포 증식을 억제하며 비타민 C가 많이 들어 있는 키위, 딸기, 레몬, 귤과 비타민 E가 풍부하게 들어 있는 참기름, 옥수수기름, 올리브유 등 식물성 기름을 적당하게 식간이나 식사 때 섭취하여 백혈구를 활성화시켜 면역력을 높임으로써 암의 예방 및 치료에 크게 기여했으며 식후에는 녹차를 후식으로 선호하였다.

녹차는 암세포 증식을 억제하고 염색체 변형을 저해하는 폴리페놀류가 많이 함유했기 때문이다.

채소와 과일 그리고 덜 도정된 곡류 그러니까 7분도 쌀이나, 감자, 고구마 등 섬유소 성분이 풍부한 음식물은 잠재적 발암물질인 담즙산 생성을 줄이고 대장내용물의 장내 통과시간을 감소하며 대장암 예방에 아주 좋은 것으로 발표되었다.

나 어릴 때 고향에는 황토벽에 창호지 방문으로 추운 겨울에는 웃풍이 코끝을 시리게 하고 뜨거운 여름에는 통풍이 자유로워 시원하다가도 열기가 밀려와 더위를 피할 수 없는 지경이었다.

앞집 뒷집 골목길에는 못생긴 돌들이 땅에 반쯤 묻혀 길바닥은 돌밭으로 통행에 크게 불편을 주는 자연 그대로 주거지라고 해도 과언은 아니다. 신발이 뚜렷지 않아 맨발로 다니는 것이 일상이라 마루나 방에도 흙투성이로 저녁에는 비로 대충 쓸고 사는 지경인데, 낮에는 앞 개울에 발 담그고 적당히 씻으며 돌부리에 치어 멍들거나 피가 나도 걱정은 하지 않고 밭두렁에 쑥 뜯어 찧어 붙이면 그것이 긴급치료로 일상적이다. 마치 TV에서 볼 수 있는 아프리카 소년들의 모습과 다를 게 없다. 그렇게 살면서도 배 아파 누워본 일 없고, 병원에 가서 주사 한 번 맞아 본 일 없었거늘 서울에서 직장생활 40여 년 지내보니 인구 일천만이 넘는 서울에서 의식주 해결하고 살자면 직장에서, 가정에서, 사회에서 주야로 항상 긴장 속에서 남보다 많은 노력을 지속적으로 해야 한다.

직장에서는 조직이 상하좌우로 복잡다단하다. 위로는 상사가 있고, 좌우로는 성격이나 행동이 비슷한 동년배가 어깨를 나란히 하고 있다. 지시도 많고 반발의식도 다양하게 발생하여 언제 어디에서 어떤 사안이 일어날지 마치 지뢰밭 같은 분위기이다.

스트레스를 받으면 스트레스 호르몬의 일종인 코티졸이 분비된다고 한다. 이 코티졸은 임파구 수를 줄여서 면역기능을 악화시켜 각종 감염성 질환을 비롯해 암까지 발생한다고 한다. 혈액형이 O형인 나는 성질이 급하고 인내력이 부족하며 때로는 다혈질의 행동도 보여주고 있었다.

건강관리를 해야 한다고 생각해서 가까운 야산을 다녀오기도 하고 사무실이 있는 건물의 1층부터 15층까지 계단을 이용하여 왕복운동을 하기도 한다. 처음에는 힘들지만 계속 반복하면 할수록 몸이 가벼워지고 매사에 긍정적인 사고를 하게 되어 아주 좋은 운동법이란 생각이 들었다. 이처럼 일상생활의 모습에 변화를 줌으로써 이타정신(利他精神)을 가지고 봉사하는 마음이 긍정적으로 일어나서 몸과 마음의 건강을 찾게 되는 것을 실감하고 있다.

모세는 120세까지 살면서 건강을 유지하며 하늘로 옮겨 갔다. 광야 사막길을 40년간 백성들과 나란히 걸었으며 그의 성품은 온유함이 지면의 모든 사람보다 더 하더라(민수기 12장 3절)라고 하였으니 온유함은 건강을 누리며 행복하게 살 수 있는 지름길이다.

"누우면 죽고 걸으면 산다"는 말이 있다.

시작이 반이라 했다. 나 자신에게 약속을 하고 건강을 위한 걷기 운동을 하기로 다짐한다.

(2004. 11. 29)

다문화가정 행복찾기 운동본부 방문기

2014년 6월 20일 동호회원 일동은 강원도 정선군 화암면 몰운리에 있는 다문화가정 행복찾기 운동본부를 방문했다.

관광버스를 이용하여 방문하니 찾아가는 과정은 편하고 안전하였다. 강원도 산길이지만 10여 년 전에 강원도 다른 지역을 갔을 때는 험한 산골 같은 분위기였는데, 서울에서 가는 길은 많이 좋아진 것으로 보인다.

강원도 정선군 하면 아주 깊은 산골로 태양이 머리 위에서 잠시 있다가 서쪽으로 지는 낮시간이 아주 짧은 고을로 생각을 하니 심하게 낙후된 산골 벽지로 선입감이 드는데, 역시 도착했을 때는 해는 서산 너머로 어둠이 들어 있다.

정선군 봉양리에 군청소재지가 있고 인구는 43,432명(2006년)이며, 면적이 1,219,91㎢로 인구 밀도는 35,6명/㎢(2006)으로 인구가 적은 편이다.

우리가 도착한 곳은 강원도에서도 가장 외진 산간오지(山間奧地)이며, 무연탄, 철, 금 등이 많아 지하자원(地下資源)의 보고를 이루고 있다.

정선읍 외에 3개 읍과 임계면 외 4개 면이 있고 함백 출장소와 59개 리로 행정구역이 되어있다.

정선 하면 정선아리랑이 대표적인 민요(民謠)로 떠오른다. 정선아리랑은 정선 산간 마을 주민들의 생활감정이 담긴 정선지방 특유의 민요로 '아라리'라고도 한다.

고려왕조를 섬기던 선비들이 고려가 망하자 정선지방에 숨어 지내면서 두 임금을 섬기지 않는 충절과 고향에 대한 그리움이 담긴 시를 지어 부르는 것을 지방의 선비들이 듣고 한시(漢詩)를 이해하지 못하는 주민들에게 풀어 알려주면서 부르기 시작한 것이 정선아리랑의 맨 처음이라고 전해진다. 노랫말의 내용은 남녀의 사랑, 이별, 신세 한탄, 시대상 또는 세태의 풍자 등이 주를 이루나 일제 강점기 때는 나라 없는 민족의 설움과 울분을 애절한 가락에 실어 부르는 등 가락과 노랫말이 일정하지 않고 다양하다는 것이다.

정선아리랑은 사설의 내용이 슬프고 가락이 애절하며 엮음 부분은 말하듯 사설을 분명히 전달하고 늘어뜨리는 부분은 절규하는 듯한 호소력이 있다는 것이다.

전문가에 의하면 진도아리랑이 흥청거리고 신명나며 기교(奇巧) 성이 두드러진다면, 밀양아리랑은 뚝뚝하고 남성적이고 이에 비하여 정선아리랑은 잔잔한 흐름 속에 소박하면서도 여인의 한숨과 같은 서글픔을 지니고 있다고 한다. 현재 유영란, 김남기, 김형조, 김길자 씨가 정선아리랑 예능 보유자로 활동하며, 최봉출 씨가 명예 보유자로 인정되어 있다고 한다.

정선군은 삼국시대에 고구려(또는 백제라고도 함)의 잉매현이었고, 신라의 삼국통일 후 757년(경덕왕 16)에 정선현으로 개칭, 명주(지금의 강릉)의 영현이 되었으며 고려시대인 1018년(현종 9)에 강릉의 속현으로 병합되었다가 뒤에 정선군으로 승격되어 조선시대 말까지 유지되었다. 1895년 지방 제도 개선에 의해 충주부 정선군으로 되었다가 1896년에 강원도 정선군이 되었다.

1940년대 후반부터 탄광(炭鑛) 개발로 태백선, 정선선 등의 철도가 연결되고 탄전지대를 중심으로 도시화가 진행되면서 산과 계곡의 고장, 강원도 정선군이 여름 휴가철을 맞아 '힐빙(heal being)' 휴양명소로 주목받고 있다. 전체 면적 중 86%가 산림으로 둘러싸여 가리왕산, 함백산 등 명산과 더불어 청정계곡이 즐비해 대자연 속에서 휴식과 재충전을 하기에 적격지다.

울창한 숲과 깨끗한 물이 어우러져 천혜의 풍광과 비경을 자랑하고 있는 정선은 관광지, 하천, 산간계곡 등을 정비하여 7-8월에는 하계 휴가철 관광객을 맞이한다. 정선의 대부분 계곡은 천연림에서 발원해 거울처럼 맑은 데다 한여름에도 손이 시릴 만큼 차고 시원하다.

이렇게 좋은 고장을 뒤로하고 서울로 간 젊은 청년이 귀향을 결심하고 일군 것이 다문화가정 행복찾기 운동본부인데, 먼저 정선군 전역에 결혼을 못 한 청장년(靑壯年)을 상대로 국제결혼을 시켜서 가정을 이루게 하고 자녀를 생산하여 군민(郡民) 증가에 제2차적인 목표를 두고 시작한 것이 사업의 원천이 되었다고 한다.

국제결혼을 하려면 많은 비용이 필요한데 시골에서 수백만 원의 돈이 어디 있겠는가. 그래서 주최 측에서 대여 형식으로 주선해서 성사시켜 한 가정을 이루게 하고 그 비용을 매년 콩 농사를 지어 한 가마니, 즉 80kg씩을 제출하여 정산하는 방법으로 비용을 청산하고, 평화로운 가정을 이루며 행복하게 살기를 권장하여 진행이 된 것이다.

외국 여성의 선발 조건은 영어를 능숙하게 구사해야 하고 자녀를 생산하여 가정에서 양육하는 데 전념하며 부모님 잘 공경하는 모범적인 가정을 이룰 수 있는 조건으로 선택하여, 한 해에 50명의 청장년이 한 가정을 이루게 되었다는 성공 스토리다.

이렇게 좋은 일을 성공적으로 이룬 업적의 공로가 인정되어 군청에서 숙소와 강당을 마련하게 해서 정식으로 다문화가정 행복찾기 운동본부로 승인을 받아 운영하고 있는 것이다.

복합문화사회는 한 국가 내지 사회 속에서 복수의 다른 인종(人種), 민족(民族), 계급(階級) 등 여러 집단이 지닌 문화가 함께 존재하는 사회다.

근대사회는 한 국민국가, 한 민족국가라는 국가통합을 이념적인 전제로 형성되어 왔지만, 역사적으로는 다민족사회, 다문화사회로 형성되어 민족 간이나 문화 간의 여러 갈등과 대립이 생겨나, 지배적인 민족집단이나 문화집단에 의한 억압과 통제가 이루어져 왔다.

오늘날은 신유목민사회(新遊牧民社會)다.

수많은 사람들이 고향을 떠나 낯선 곳으로, 한 나라에서 다른 나라로 이동하여 살아가는 글로벌 사회다. 과거의 유목민과는 달리 오늘날에는 다양한 이유로 유목생활을 하는 시대가 되었다.

우리나라도 예외가 아니다. 2009년 현재 국내 거주 외국인 수는 120만 명을 넘어섰다. 이들은 대부분 이주노동자이거나 결혼이민자로, 남성은 노동 이주이고, 여성은 결혼 이주로 이분화되는 현상을 보이고 있다.

법무부 출입국 외국인 정책본부의 통계에 따르면 외국인과 결혼해 국내에 거주하는 외국인 배우자는 12만 6천여 명인데, 이 중에 여성이 11만여 명으로, 중국, 베트남, 필리핀 여성이 주를 이룬다고 한다. 이와 같이 국제결혼이 늘어나면서 새로운 가족 유형이 만들어지고 있다. 두 인종의 결합과 그 자녀들로 이루어진 가족을 흔히 다문화가정 혹은 다문화가족으로 부른다. 이주는 사람만이 아니라 문화도 따라 옮겨오기 때문에 붙여진 이름이다.

2009년 4월 현재 다문화가정 초중고 학생 수는 3만 1788명으로, 2005년 6121명, 2008년 1만 8778명에 비해 급격하게 증가했다. 이들 다문화가정 취학 자녀들은 대부분 우리보다 경제적 수준이 뒤처진 나라에서 온 유색인 어머니에게서 태어난 혼혈아이다.

우리 안에 자리 잡은 단일 민족, 단일 혈통이라는 자긍심과 타인에 대한 우월의식에서 그들의 정서적 어려움과 고통은 심하다고 할 수 있다.

인종과 민족 사이의 경계가 허물어지는 사회에서 고정관념으로 사람을 구별 짓고 차별한다면 다문화사회 만들기는 정치적인 수사(修辭)로 끝나고 말 것이다.

다문화사회라는 크게 열린 공간으로 나가려면 우리가 다문화가정에 대해 다문화 인종(人種)을 포용해서 진지하게 생각해야 한다.

우리 사회도 시대적 요청이 있기 때문에 우리 스스로가 변해야만 한다. 그렇게 가정을 이룬 50가정에서 제공된 콩이 50여 가마니가 되었는데, 이것을 처리할 묘안을 여러 측면에서 강구한 결과로 수익이 가장 큰 '간장 담그기' 행사로 추진해서, 서울 도시민들의 친환경 재료로 만든 식품선호도에 적중해서 50배의 수익을 창출하게 되었다고 호언장담하는 대표의 구체적인 설명에 크게 공감하게 되었다. 주도면밀한 계획은 일석오조(一石五鳥)를 얻은 셈이다.

서울 도시민의 참여를 적극 권장해서 이들이 간장 장독 하나에 월(月) 일 만원의 관리비를 부담케 하고 그 돈을 외국 여성들이 간장독을 일주일에 한 번씩 닦기를 하게 하여 그들의 수입원으로 마련해주었다고 한다. 그들이 운동본부에 나오므로 해서 생활상담과 지역사회에 기여할 수 있는 문화적 측면에서 외국어 교육을 지도하게 되니 이것이 원어민 영어교육학습장이 된 것이다.

이들은 가정도 잘 이루고 생활도 역시 안정되어 자녀를 생산하여 군민의 인구가 증가하는데 크게 공을 세워 주변인들의 칭찬이 대단하다고 한다.

여기에서 담근 간장과 된장은 서울 시민에게 크게 인기가 있어서 이 사업은 계속 유지가 되어 군청에서도 생산된 콩을 그리고 농산물도 생산가로 제공하여 지역 경제의 활성에 크게 기여한다고 한다.

정선군은 열악한 산골 마을이지만 서울 못지않게 문화가 국제화되고 있다고 자랑을 한다.

우리 문화를 배우려는 마음이 아름다워 국민 의식을 갖게 한 것이 가장 큰 보람된 과업 달성이라고 다문화가정 행복찾기 운동본부 대표는 겸손하면서도 자랑스럽게 설명하여 더욱 경의를 표하고 박수를 보낸다.

(2014. 7. 21)

휴일의 탄식(歎息)

강남구 역삼동 837-16. 역삼초등학교가 위치한 거리다.

사거리 중 한쪽 코너에 위치한 학교가 넓은 지역을 차지하고 있다. 세 코너에는 근린 시설과 상업시설로 연계된 빌딩들이 자리하고 있다. 오래된 건물도 있지만 재개발한 빌딩도 있다. 이 지역은 이면도로가 있는 지역이라서 복잡하지는 않다. D 빌딩은 재건축의 공정으로 준공검사가 완료된 지 불과 한 달 남짓하다. 한 층의 실 평수는 50평 정도인데, 층의 내부에는 남녀 화장실이 있으며 에어컨과 난방장치도 신모델로 설치되어 있다. 화재방지시설도 완벽하며 화재 시에는 연기 차단문이 자동으로 작동되어 배연창이 자동으로 개폐하게 되고, 승강기는 한 대이지만 일제 수입품으로 설치한 건물은 작지만 규모는 구체적이어서 알차게 보인다.

시설이 좋아도 공실이 많다면 운영에 곤란이 따른다. 지난 며칠 전의 뉴스를 보니 건물마다 임대(賃貸)라고 쓴 현수막과 입간판을 쉽게 볼 수 있었다.

다국적 부동산 업체인 ERA코리아에 따르면 강남지역 빌딩의 경우 평균 공실률은 올 1분기 기준으로 12.1%를 기록하고 있다고 한다. IMF 당시에도 강남 공실은 10%를 넘지 않았다는데 사상 최악이라는 것이다.

실제로 연 면적 1000㎣ 이하 소형건물 공실률은 15%로, 5000㎡ 이상 대형건물 7%의 2배에 달한다고 한다.

2000년대 이후 테헤란로를 장악했던 IT업체는 이미 3-4년 전부터 임대료가 싼 구로동이나 분당 등 신도시로 떠나고 있다. 보험사 역시 구조조정이 본격화되면서 상당수 지점이 통폐합으로 사라지고 있다. 그나마 남아 있는 기업들도 강남에서 임대료가 싼 지역으로 이사를 하거나 사무실의 크기를 줄이는 현상이라고 한다.

지금 우리나라는 주(週) 5일 근무를 하는 회사가 대부분인데, 그러니까 주 40시간의 근무와 44시간의 근무를 병행하고 있다. 그러나 앞으로는 주 40시간으로 법적 제도화 하려는 움직임이 보인다, 급여 책정이 최저임금에 많은 관심을 가지고 있는 것이 사실인데, 2008년의 최저임금이 시간당 3,770원이고 2009년에는 4,000원이며, 2010년에는 4,110원으로 발표되어 근로자 급여가 여기에 기준을 두고 있다고 하겠다.

지금은 옛날처럼 한 직장이 영원한 직장으로 알고 근무하는 것이 아니라 쉽게 옮겨가는 풍토가 있어서 근무 조건이 크게 좌우되고 있다.

3D업종이 줄어들긴 했어도 육체적 노동보다는 정신적 노동을 선호하고 있는 현실이고 보니 직장을 옮기는 경우는 크게 문제 삼지 않는다.

증권이나 펀드와 같은 금융권의 직장인들은 수입이 연봉으로 계산되기 때문에 일반 회사의 보통 임금과는 비교가 아니 된다.

우리나라 가계 부채가 급증하고 있다는 발표를 본 적이 있다. 지난해 재정적자 규모는 사상 최대인 43조2000억 원이었다. 외환위기 당시인 1998년 80조4000억 원이던 국가 부채는 지난해 359조6000억 원으로 4배 이상 늘었다. 국민 1인당 나랏빚도 2008년 623만

7000원에서 722만 4000원으로 1년 새 100만 원 가까이 급증한 것이다. 이처럼 나랏빚이 빠른 속도로 증가한 것에 대해 정부는 "금융위기 극복을 위해 재정 투입을 늘렸기 때문"이라고 설명한다. 그러면서 국내총생산(GDP) 대비 재정적자 비율은 선진국에 비해 건전한 편이라는 점을 강조하고 있는 것이다. G20(주요 20개국) 국가들의 GDP 대비 국가채무 비율은 평균 75.1%에 비해 우리나라는 33.8%로 절반에 못 미친다. 이 숫자만 놓고 본다면 재정 적자에 대한 걱정은 기우(杞憂)에 그칠 수 있다는 것이다. 국내외에서 한국 재정의 취약점을 지적하는 목소리가 끊이지 않는다.

미국으로 이민 가서 살고 있는 우리나라 사람들은 일요일에도 일을 한다고 한다. 그들은 우리나라에서 살 때는 중산층이었다. 미국으로 이민 가서 살다 보니 돈이 필요하다는 것을 알기 때문에 돈을 벌기 위한 일이라면 일요일도 마다하지 않고 열심히 일을 하는 것이 그들의 현실인 것이다.

우리나라도 이제는 복지국가를 연연하며 여러 측면에서 복지를 강조하고 있다. 고령화로 복지 부담이 늘어나면 재정 악화가 불가피해진다.

IMF는 "한국이 노인들을 위해 투입해야 할 재정자금이 2050년에는 2000년에 비해 무려 13.4% 포인트 높아질 것"으로 예상하고 있다.

일요일이라 교회를 가는 신도들이 눈에 뜨이지만 거리는 한산하다. 상가는 한가해서 아예 문을 열지 않고 그들 역시 휴일로 보내고 있다. 요즘에는 인터넷을 이용하여 물품을 구입하므로 택배 서비스가 성행하고 있지만 생활에 직접 필요한 식품 같은 것은 인근 가게에서 구입해야 한다.

너나 할 것 없이 토요일과 일요일은 휴일로 생활화되어 가정경제(家政經濟)나 국가경제(國家經濟)의 긴 안목은 안중에도 없는 하루살이 같은 현실주의로 우려만이 앞서고 있다. (2014. 7. 21)

폭설(暴雪)의 대란(大亂)

2010년 1월 4일 서울에 25.8㎝의 눈이 내려 교통이 마비 상태다. 아침 5시부터 내린 눈은 폭설로 이어질지를 몰랐던 것이다. 방송국마다 100년 만이라고 한다.

뉴스를 보면 우리나라뿐이 아니라 세계적으로 기상 이변이다. 폭설이 빗겨 간 남부지방의 채소류의 값은 그대로이지만 폭설로 교통이 마비되고 비닐하우스가 망가진 채소단지는 유통보다 현장에서 피해를 당한 것이다. 채솟값이 폭등하고 폭설로 출입이 곤란하니까 요식업가에도 손님이 뚝 그쳤다고 한다. 반면 폭설로 인해 판매가 늘어난 경우도 있다. 방한(防寒) 제설(除雪) 용품과 양말과 장갑 그리고 스카프와 어그부츠(발목이 긴 구두)도 매출이 늘었으며 인터넷 쇼핑몰과 TV홈쇼핑도 폭설과 한파(寒波)의 덕을 봤다는 것이다.

미국에서는 눈이 오고 추워지면 채소나 과일의 소비가 줄어들고 열량이 높은 고기류와 과자, 사탕 등의 구매가 늘어난다는 연구 발표도 있다.

최근 들어 세계 곳곳에서 기상 이변이 심상치 않다. 2009년 12월 중순에는 서유럽에 폭설과 한파가 있었고, 중국 베이징에도 12월 3일 59년 만의 폭설이 33㎝나 내렸다.

북극지방의 제트기류 악화로 차가운 공기덩어리가 예년보다 많이 남하했으며, 제트기류는 지표면 11㎞ 상공에서 서쪽에서 동쪽으로 강하게 흐르는 기류인데, 극지방의 차가운 공기덩어리를 감싸고 돌던 제트기류가 남쪽으로 밀려나면서 한기(寒氣)가 남하하는 여건이 만들어졌다는 것이다.

국립기상연구소는 세계적인 한파와 폭설은 올해만의 일시적인 현상이라고 한다. 한편 전문가들은 최근의 폭설도 지구온난화 이론으로 설명할 수 있다고 주장하기도 한다.

기온이 올라가면 증발이 잘 일어나고 공기 중에 수증기가 늘어나면서 짧은 시간 내에 쏟아붓는 폭우나 폭설로 나타날 수 있다고 한다. 최근 10년 동안 지구의 평균 기온을 보면 상승할 것이란 예상과 달리 정체(停滯) 상태를 보이고 있다고 한다. 지구의 평균 기온은 1990년대까지 지속적으로 상승했지만 1998년 최고 기온(14.5도)을 기록한 이후 더 이상 오르지 않고 있다.

반면 그동안 지구 온난화의 주범인 이산화탄소(Co2) 농도는 지속적으로 상승하고 있는 것으로 나타나고 있다. 지구 기온은 100년 주기, 수십 년 주기, 10년 주기가 있는데 지난 10년간 지구 평년 기온이 오르지 않는 것은 현재 기온이 내려가는 주기를 타고 있기 때문이라는 것이다.

최근 우리나라에 내린 폭설을 기상청에서 예측하지 못해 '기상 오보 청'이란 비난을 받기도 하였다.

우리나라는 지난해에 최초로 외국인 기상 예측 분야의 세계적 석학(碩學) 켄 크로퍼드(66) 교수를 영입하여 "새로운 기상대의 변화를 꾀하고 있다"고 한다.

우리나라는 26기의 기상 레이더 장치가 있는데, 기상청, 국토해양부와 공군이 각종 기종을 자기들의 사용 목적과 방법에 따라서 사용하고 있었기 때문에 서로 간의 호환이 되지 않았다고 한다. 앞으로는 해당 기관들과 협의하여 레이더 관측망 조정과 표준관측전략을 수립하고 범정부적 레이더운영실무위원회와 기상청 레이더 운영센터를 수립하여 정확한 예보에 최선을 다하겠다는 것인데, 예보 분야의 과제로 새로운 예보관 훈련 프로그램과 생활예보프로그램 설계 및 미래예보관 역할재정립, 그리고 재해기상예측을 위한 수치모델을 개발한다는 것으로 다짐하고 있다.

기상뿐 아니라 모든 정보는 세계적인 안목으로 수집하고 서로 호환성을 가지고 운영해야만이 지구 변화에 대한 준비된 기상청이 될 것으로 사료되는 것이다.

(2010. 1. 5)

어머니 청국장

나는 아주 일찍부터 청국장찌개를 좋아하게 되었다. 초등학교 다닐 때 겨울에 학교에서 돌아오면 놋쇠 화롯불 위에 작은 뚝배기가 부글부글 끓고 있었다. 그것은 틀림없는 청국장찌개였다. 내가 학교에서 돌아올 시간을 맞춰서 금방 먹을 수 있게 만드시는 분은 내 어머니이시다.

아랫집에서 만들어 파는 손 두부를 반 모 넣고 청국장찌개를 만들면 그 맛은 담백하고 고소하며 감칠맛이 더욱 강하게 느껴졌다. 놋쇠 밥주발에 담은 밥은 아랫목 이불 속에 묻어 두셨기에 방금 지어 담아 놓은 듯 따끈따끈하다. 작은 밥상에 밥 한 그릇과 동치밋국 한 사발 그리고 김이 무럭무럭 나며 부글부글 소리 내고 끓는 청국장찌개는 입맛을 재촉한다. 더이상 다른 반찬이 필요치도 않다. 청국장찌개와 동치밋국을 같이 먹는 것은 완전히 찰떡궁합이다.

평소에도 말씀이 없는 인자하신 내 어머니가 옆에서 흐뭇해 하시면서 밥 먹는 나의 모습에 더 이상 바랄 것이 없으신 것처럼 만족스러운 표정은 행복해 보인다.

겨울이면 항상 청국장을 만들어 큰 단지에 넣어 두었다가 겨우내 먹는다. 아버지는 “콩은 밭에서 나는 쇠고기란다. 한겨울 내내 청국장을 만들어 먹으면 소 한 마리 먹은 거나 마찬가지란다."라고 청국장 예찬을 펴신다. 그렇지 않아도 맛이 있는데 그렇게 말씀하시니까 맛이 앞서가는 느낌이다. 어머니의 음식 솜씨는 변함이 없다. 항상 그 맛이기 때문에 혹시 다른 집에서 가져온 반찬을 맛보기로 가져왔다면 바로 알아볼 수 있다. 어머니의 두툼하고 손가락이 짧아 보이지만 그 손으로 만든 음식 맛은 우리 가족의 건강을 튼튼하게 하는 신비의 손과 같다. 가끔 아버지가 장에 다녀오시는 날에는 멸치 몇 마리가 들어가면 별미로 감칠맛이 진수성찬으로 새롭다.

오늘날 청국장은 그 냄새가 역겹게 온통 진동하여 많은 사람들이 기피하는 현상이 되었다. 그래도 시골에서는 그 맛을 되찾기도 하여 사용하지만 도시에서는 냄새를 변화시킨 즉 냄새가 안 나는 청국장을 개발했다는 식당이 있기도 하다.

내가 찾아간 식당 주인은 청국장에 대해서 도통한 것처럼 청국장 예찬에 열을 올려 나에게 일련의 강의를 하는 것이 아닌가!

청국장이 최근 들어서 인기를 집중하는 이유를 설명하는데, 첫째로 부작용이 없는 비만 해결사(解決士)고, 둘째 암(癌)을 막는 탁월한 항암식품이며, 셋째는 뇌졸중(중풍) 치료 예방제로서 아주 크게 뛰어나며 치매를 막아주는 건뇌 식품이고, 고혈압을 다스리는 천연 혈압강하제로서도 우수할 뿐 아니라 간 기능 개선 및 숙취해소제로서도 탁월하며, 넷째로 변비와 설사를 동시에 해결하는 데도 좋으며, 특히 여성들의 골다공증을 예방하는 천연 칼슘제로 손꼽힐 정도며, 피부노화를 막아주는 데도 뛰어난 피부미용제인 만큼 남녀노소를 막론하고 유익한 식품이라는 것이다.

이렇게 좋은 식품인 줄은 미처 몰랐지만 그래도 어려서부터 먹던 청국장인지라 좋아하는 식품 중 하나인 것이다.

그래서 청국장 말만 나와도 불현듯 어머니 생각에 잠시 나를 우울하게 감정을 바꿔 놓는다.

내 나이 삼사십대에는 청국장을 먹어도 그런 감정을 못 느꼈는데 60이 되고 70이 되고 보니 어려서 어머니에게서 받은 많은 사랑이 하나둘 주마등처럼 생각의 틈새를 파고든다.

새삼스럽게 어머니가 그립다.

어디에 계시다면 달려가고 싶은 심정이다. 어린 시절 청국장 맛이 아니라도 괜찮다. 쭈글쭈글한 어머니의 손을 꼭 한 번만이라도 잡아 보고 싶다. 항상 인자하시고 무조건 내 편이셨는데, 왜 나는 그때 어머니의 마음을 몰랐을까.

(2005. 1. 14)

줄탁동시(啐啄同時)

한자풀이를 살펴 보자.

줄(啐): 맛볼 쵀, 빠는 소리 줄, 떠들썩할 잘.
탁(啄): 쪼탁, 부리주, (부리로 먹이를)쪼다, 똑똑 두드리다.
동(同): 한가지 동, 무리(모여서 뭉친 한 동아리), 함께.
시(時): 때시, 철, 계절(季節), 기한(期限).

줄(啐) 과 탁(啄)은 두 가지 동작이 동시에 일어나는 모습을 묘사하고, 동(同)과 시(時)는 동시에 일어남을 나타낸다. 따라서 줄탁동시는 동시에 두 가지 동작이 일어나는 상황을 표현하는 성어라고 볼 수 있다.

실생활에서 사용하는 예를 보자.

• 축제가 시작되자 줄탁동시에 불꽃놀이와 음악이 터져 나왔다.
• 봄이 되자 꽃들이 줄탁동시에 피어나, 도시 곳곳이 화사해졌다.
• 새해가 밝았을 때, 사람들은 줄탁동시에 소리쳐 새해 인사를 나누었다.

줄탁동시 사자성어를 되새겨 보면, 알 속에서 자란 병아리가 부리로 안쪽 껍질을 쪼아 세상 밖으로 나오려고 할 때 어미 닭은 그 소리를 알아채고 밖에서 알을 쪼아 병아리가 나올 수 있도록 도와줘야 비로소 한 생명이 태어난다는 의미다.

알 속에서 21일간 탄생을 준비한 병아리가 아무리 세상 밖으로 나오려고 해도 그 신호를 깨닫지 못하고 내버려둔다면 그 생명은 소멸되고 만다.

불가에서는 제자의 집요한 노력과 스승의 때맞춘 적절한 가르침이 하나가 되는 순간 큰 깨달음, 즉, 해탈(解脫)을 의미하며 온갖 고뇌로부터 벗어나 자유로워진다는 뜻이기도 하다.

누군가가 껍질을 깨고 나오려고 할 때 그 소릴 듣는 이도 있고 아예 듣지도 못하거나 듣고도 그냥 지나치거나 외면한 사람들이 대부분이다.

세계 투자계의 거장들이 투자를 결정할 때도 꼭 어떤 결과나 돈을 벌기 위한 판단을 하지 않을 것이라는 것을 줄탁동시를 곰곰 생각해 보며 느끼고 있다.

그 줄탁동시의 화음, 그건 어느 때 비로소 듣고 응답하는 것일까? 누구나 인정하는 스펙이나 이력, 화려한 업적들도 때론 사양되고 만다는 것을 수없이 봐 왔다.

그 어떤 샤머니즘적인 동감과 감동, 어떤 철학적 교감이 있을 때 깨고 나오려는 자와 그 껍질을 적절한 시기에 쪼아주는 인연은 만나게 되어있다. 그런 관계야말로 진정한 줄탁동시의 인연이 아닐까 한다.

(2012. 1. 17)

노인 여가활동의 설계

우리나라 노인 여가활동에 대하여 간략하게 고찰하고자 한다. 노인의 생활은 사회경제적 구조와 가족제도의 급격한 변화로 인하여 노년기 이전에 누렸던 사회 및 가정에서의 주도적 역할을 상실함으로써 여가를 소비하여야 함과 동시에 다양한 심리적 고통을 경험하고 있다.

인간의 삶의 질을 향상시키는데 기여하는 사회 체육활동과 레크리에이션 및 여가활동은 인간의 궁극적인 삶의 질을 향상시키는데 기여한다는 것에는 연구를 통해서 입증된 바 있다.

따라서 노인의 여가 현황에 따른 문제점과 활성화 방안을 고찰하고자 한다.

2000년에는 전체 인구의 7%를 넘는 65세 이상의 인구로 유엔이 분류한 '고령화 사회'로 진입했다.

이러한 고령화 사회와 더불어 가족 구성원의 감소, 직장으로부터 퇴직 등 사회적 환경에 따라서 노인의 여가활동이 하나의 사회적 문제가 되었다.

사회가 현대화될수록 노인의 지위는 격하되고 사회의 주요 활동에서 소외된다. 나아가서 전통적인 확대가족을 붕괴시키는 요인이며 세대 간의 공간적 격리를 조장하여 노부모와 자녀 간의 접촉 빈도와 친밀성이 감소하게 된다. 따라서 노인 문제는 노인 인구비율의 증가와 산업화 및 도시화 확산 그리고 가족구조의 핵가족화 등으로 볼 수 있다.

노인들은 일과 사회적 역할로부터 벗어난 현실에서 많은 양의 여가 시간을 갖게 된다.

노인들의 일상생활을 보면 수면, 식사 등 생리적인 필수시간을 제외한 나머지 시간이 여가시간이라 할 수 있다. 이러한 여가시간을 활용하는 방법은 무엇을 배운다든지, 건강 만들기, 여행 등 즐거운 취미활동이라든지, 자기실현의 시간으로 여가에 대한 관심을 가질 필요가 있다 할 수 있다.

여가활동의 전제가 되는 노인의 요구는 사회적 봉사활동의 욕구, 정상적인 동반자 관계의 유지 욕구, 자신이 사회의 일원으로 인정받고 싶은 욕구, 특정한 업적이나 성과를 올리려는 욕구, 건강 유지 욕구 이외에도 개인의 성격, 교육 정도, 경제적 수준, 생활 목표, 건강 실태 및 과거의 습관 등이 영향을 미친다.

노인의 여가활동 유형은 크게 가족 중심형과 지역사회와 생활 중심형으로 나눌 수 있다.

가족 중심형으로 보면 가족과의 대화, TV 시청, 라디오 청취, 정원수 손질, 집 근교 산책 등으로 볼 수 있다.

지역사회와 생활 중심형은 노인정(老人亭)에서 바둑이나 장기 두기, 건강 관리로 공원 산책하기, 노인학교나 사회교육기관에서 특강 청취나, 노래와 춤을 배우고, 동호회원들과 등산이나, 낚시, 테니스로 운동 활동을 하고, 봉사활동으로 교통정리, 청소 또는 청소년 선도 및 교회 봉사활동을 한다.

이와 같이 다양하게 여가활동을 하고 있지만 여가활동에 대한 뚜렷한 정책이나 여가프로그램의 단순화 및 인식 부족 또는 노인 자신에 대한 계획의 부족으로 미비점이 많다고 본다.

현실적으로 개선 보완할 내용을 보면,

첫째: 노인들의 여가활동을 체계적이고 종합적으로 보조하는 시책이 부족하다.

둘째: 노인을 위한 여가프로그램이 부족하다.

셋째: 노인 자신의 여가활동에 대한 주체성이 부족하다.

넷째: 여가문화에 대한 사회문화의 인식이 부족하다.

다섯째: 노인 여가시설의 미비로 시설에 대한 시간적 공간적 접근이 용이하지 못하다.

이상과 같은 내용을 볼 때 지역사회의 복지관의 확충은 물론 기존 복지관의 노인 여가프로그램의 개발과 아울러 지역사회의 노인이 참여할 수 있는 시설의 개방화 및 사회화도 속히 이루어져야 할 것이다.

우리나라의 전통적인 가족제도가 무너지고 점차 핵가족화되면서 노인들은 가치관에 혼란을 일으켜 변화에 적응하지 못한 채 절망과 소외감에 빠지거나 허탈감에 빠져 있다고 본다. 따라서 생리적 심리적 사회적으로 퇴화에 있는 노인들을 위한 효율적인 여가활동의 정책이 요구된다.

건전한 여가활동으로 활용되는 레크리에이션이나 동호회원의 그룹활동과 복지관의 교양강좌와 사회참여 봉사활동의 프로그램은 그들의 삶의 가치를 부여할 수 있는 부분이므로 국가와 지방정부에서 활성화 시킬 수 있도록 추진하고 학계에서는 연구와 조사 활동이 활발하게 이루어져야 할 것이다.

(2014. 7. 17)

쑥밭 찾아 50리

1950년 6월 25일, 우리나라는 일제 치하에서 해방의 기쁨도 챙기지 못한 채 북괴군의 남침으로 전쟁의 쓴맛을 보게 되었다.

초등학교 6학년을 다니던 어린 소년이 총싸움 전쟁을 눈으로 보게 되니 이해하기 어려운 부분이 너무도 많았다.

초등학교 1학년 시절은 철도 모르고 선배와 선생님의 지시만 따를 뿐 무엇이 옳은지 그른지조차 구분을 못 하며 일본 치하의 쓰디쓴 초등학교 생활을 하였다.

내가 살고 있는 집은 대로변의 초가집 5칸 겹집형으로 외부에서 보기에는 우람하고 크게 보인다. 그래서 처음 보는 사람들은 제1로 재산이 많은 부잣집으로 말하기도 한다.

무더운 여름날 군복을 입은 군인들과 군 차량들이 바쁘게 움직이는 모습이 어린 나에게는 신기하게 느껴지기도 했다. 그러더니 며칠이 지나니까 짐 보따리를 등에 지고, 머리에 이고 어른과 아이들 할 것 없이 떼 지어 남으로 이동하는 대열을 보게 되었다. 물론 그들의 얼굴에는 슬픈 표정과 땀으로 범벅이 되고 허기진 모습이 역력하다. 알고 보니 서울 지역의 사람들이 남으로 남으로 피난길을 나선 것이다.

이북 인민군이 남침해서, 살려고 남으로 피난길을 택한 것이라 한다. 자기가 살던 집과 재산을 뒤로하고 목숨 하나 건지려고 간단한 생활 도구만 챙겨 나온 것으로 식사문제는 대책이 없는 상황이었다.

그러기를 며칠이 지나고 친인척 대가족 20여 명이 우리 집으로 온 것이다. 아버지가 평소에 친인척에 대하여 이야기한 바 있어서 생면 처음이지만 가족처럼 스스럼없이 지내게 되었다. 이러기를 두 달이 지나고 그 친척들은 다른 지역으로 떠나고 인민군들이 지나면서 조용한 마을에 아수라장이 되고 치안은 엉망으로 변하고 있었다.

그러니까 지역 빨갱이들이 활개를 치고 지역 주민을 학살하고, 마치 기다렸다는 듯이 쇠 창과 대창을 손에 들고 반동분자를 색출한다며 마을 집집마다 수색하듯 난무하고 있다. 그때 끌려간 사람은 생죽음으로 처리했다.

구전으로 전해오는 말에 의하면 맥아더 장군의 지휘하에 인천상륙작전이 성공하여 인민군은 북으로 철수를 시작으로, 패잔병들의 이동 모습은 며칠 전의 양상과는 정반대의 꼴로 부상자도 힘 빠진 병사도 휩싸여 이동하고 있다. 뒤늦게 퇴각한 잔당들은 인근 산속에 은둔하였다가 야간에 마을로 내려와서 음식과 식량을 탈취하기를 일삼고 있었다.

우리 국군과 유엔군이 잔당 빨치산들을 소탕하기 위하여 잠시 주둔하여 평화를 되찾고 마을은 희비가 엇갈리는 경우도 있었다.

나는 중학교에서 배운 영어를 해 보기로 하고 유엔군들에게 "헬로우 기브미 초콜릿"(hello give me chocolate)을 해 보았다. 그랬더니 "오케이 컴 히어" 하면서 건빵도 초콜릿도 주어서 역시 의사가 통하는 신기한 경험을 해 보았다. 중학교 영어 선생님은 통역관 출신이라고 해서 더욱 신기함을 체험하였다. 그 시절 전쟁이 아니어도 우리 주민들은 식생활 자체가 어려운 형편으로 봄에는 먼 산속으로 쑥과 산나물을 뜯으러 무리 지어 다니기도 했다.

유엔군과 우리 국군들도 다른 지역으로 이동하여 마을은 조용한 분위기인데 야간에는 산속에 은둔하고 있던 잔당과 지역 빨갱이들이 내려와서 집집마다 들어 와서 식량과 간장 된장까지 그리고 외양간의 소도 끌고 가면서 순진한 주민들을 대창으로 상처를 주고 젊은 사람은 짐꾼으로 끌고 가는 아주 무자비한 폭행을 하고 돌아갔다.

마을 사람들은 우리 집이나 다른 집도 목숨만 살려 주기를 애원하며 무엇이든지 가져가라 하면서 고양이 앞에 생쥐 꼴로 그 순간을 넘기곤 했다. 이러기를 한 달여, 결국은 전투 경찰들이 약탈을 일삼는 잔당을 완전 소탕하여 마을에는 완전한 대한민국의 태극기가 펄럭이게 되었다.

쑥과 나물을 뜯으려고 가끔 무리 지어 배랑 같은 자루를 메고 주먹밥을 챙겨 들고 하루 종일 시간 들여 다녀오면 어머니는 쑥국도, 쑥개떡도 나물 가득 요리해서 가족들의 식사를 때워 주신다. 집 인근에는 쑥과 산나물이 없으니까 50여 리 떨어진 동산면 산골짝으로 원정을 하기도 한다. 이런 식생활 전부가 그 시절의 참상이지만 어느 누구도 나라에 불평이나 원망도 하지 않고 각자 자기 생활에 정신 없이 열심히 살고 있었다.

그 시절 쑥밥을 먹어 본 사람이 지금도 쑥밥을 면치 못하고 가난 속에서 욕심 없이 살고 있는 어르신들도 있다.

(2005. 7. 20)

3

왜 그러나?

'제3 인생대학' 평생교육강사 인큐베이팅 과정을 마치고

인생(人生) 이모작(二毛作)을 한다는 생각으로 구로구청에서 주관하고 서울대학교 교육행정 대학원에서 시행하는 평생교육 강사 과정 교육을 받기로 한 것은 내 인생에서 큰 변화이며 진보적인 자아실현(自我實現)의 기회인 것이다.

2014년 3월 28일에 서울대학교 행정대학원 강의실에서 등록을 마치고 14:00부터 17:00까지 강의 듣기를 시작했다.

2014년 7월 4일에 수료식을 했으니 4개월 반인 셈이다. 남녀 40명으로 연령은 20대에서 70대까지 역시 나이는 숫자에 불과하다는 것을 실감할 수 있다.

청장년층으로 구성되었으니 분위기는 색깔이 보이기는 하지만 모두가 현 사회에서 일익을 하고 있는 현역 일꾼이기도 한 실존의 인물들이다. 그래서 서로가 이해하고 존중하며 진지한 학습 분위기는 역시 본인이 지원한 관계로, 열성적이며 진취적인 학습 태도라 잠시라도 졸거나 다른 일을 하는 모습은 찾을 수가 없다.

문교부 연수원에서 중등 교장 연수 실시하는 중 피교육자가 된 교장들은 역시 졸기를 마다하지 않고 기도하듯 모두가 같은 모습인지라 피 교육자가 되면 어쩔 수 없다고 말하고 싶다.

배움에는 끝이 없으며 시기가 따로 있는 것이 아니고 직무교육이나 교양 교육도 계속 연수를 통하여 자신의 변화를 진행 유지해야만이 변하는 시대에 낙오자가 아니 될 것이다.

기본교육과정 일정

1. 한국 평생교육의 현황과 좌표: 서울대 한승희
2. 성인 학습자의 이해: 서울대 강대중
3. 평생학습시대 전문가의 조건: 서울대 오현식
4. 평생교육교수설계: 서울대 임철일
5. 효과적인 강의를 위한 심리학 활용: 서강대 김미라
6. 의사소통방법에 대한 이론과 실제: 한국코치협 박은경
7. 의사소통방법에 대한 이론과 실제: 루터대 김형수
8. 평생교육강사를 위한 효과적인 강의 기법: 한림대 김지일
9. 평생교육강사를 위한 효과적인 강의 기법: 한국리더십 이영민
10. 강의 실습 및 강의 촬영: 자체진행, 강의피드백
11. 마이크로티칭: 한림대 김지일, 전문가 평가
12. 특강: 전 교육부 총리, 서울대 명예교수 김신일

다양한 강의 내용을 유명한 교수진으로 진행한 것은 우리 인생에서 큰 영광이 아닐 수 없다.

40여 년간 교육계 봉직하면서 수많은 연수를 받아 현직에서 학생지도와 교육행정에 유효적절하게 활용한 것 또한 많은 연수의 덕이라고 본다.

교육은 반복 학습이며 다양한 학습방법을 통하여 기술 습득과 지도기법을 터득하게 되는데 이것은 어느 직업이나 어느 조직에서도 필수적임을 다시 한번 강조하고 싶다.

교수학습방법의 신기술은 예나 지금이나 대동소이하지만 그 이론을 지금도 활용하고 있는 것은 어쩔 수가 없다. 어디에서도 온고지신을 외면할 수는 없다.

수료식을 마치면 후련할 것 같았는데 막상 마치고 보니 배울 때가 즐겁고 보람된 시간이며 자신이 현대 감각을 만끽하며 시대 감각에 선두주자로 편승한 자신감이 충만함을 재음미하고 있다.

회원 각자는 나름대로 지도를 진행 중인 사람도 있으며 구청이나 유관 교육단체에서 정규적으로 시행하는 평생교육과정에서 강의하는 것으로 생각되는데 현장에서 이번 교육이 큰 도움을 주었다고 평하고 싶다.

중장년 같으면 퇴직하고 여가활동을 적적하게 이용하기 위한 분들도 있으며 제3모작으로 취업을 생각하는 경우도 있기 때문에 인생의 선배격으로 지도를 밀착하게 한다면 사회에 나와서 재취업을 한다는 것이 용이하지 않다는 것을 예고로 제시하는 것도 크게 도움이 된다.

인생 재취업의 분야는 신중하게 상담을 해야 한다. 본인이 가진 전공적인 분야를 고집하지 말고 정신적으로 육체적으로 감당할 수 있는 일인가를 객관적으로 평가를 받아야 한다.

단순 기능직은 쉽게 취업이 되지만 단순한 업무라고 해서 손 쉬운 것은 아니다. 근무 시간에 일어날 일은 모두가 당사자의 몫이다. 퇴직 이전의 일과 직책을 생각하고 있다면 절대로 취업은 불가한 것이다.

이제는 과거의 경력과 현대적인 연수를 통하여 얻어진 학습 내용과 지도방법을 나 혼자만의 것으로 간직하지 말고 나 아닌 이웃 사람들과 나누어 가져야 한다고 생각한다.

지역 연수원이나 복지관에서의 새로운 프로그램에 도전하여 새로운 학습의 기회로 생각하고 참여의 기회를 가져보면 자타가 인정하는 문화강좌가 될 것이다. (2014. 7. 4)

86과 63

2023년 7월 9일 배낭에 간단한 일용품을 챙겨서 찾아 온, SMS(삼성의료원) 1653호 2인 병실이다. 침대 두 개와 TV 그리고 비데가 설치 된 화장실이다.

수술하기 전에 수술에 필요한 검사를 해야 한다.

혈액 검사, 소변 검사, 심전도, 폐기능 검사, 가슴사진(엑스레이), 심장 초음파, 혈관 검사를 해야 한다.

박 내과에서 일반 검진을 하는 과정에서 복부대동맥의 팽창 증상을 발견하고 SMS에 의뢰하여 수술하기 위하여 찾아온 것이다.

대동맥은 우리 몸에서 가장 굵은 혈관 중 하나로 심장에서부터 나와 흉부대동맥을 거쳐 복부대동맥이다. 정상 복부대동맥의 직경은 약 2~2.5㎝ 정도로, 복부대동맥이 마치 주머니 모양으로 한쪽으로 팽창하거나 풍선처럼 부풀어 오르는 질환을 복부대동맥류라고 한다.

일반적으로 대동맥이 정상 직경 1.5배 이상 늘어난 경우를 말하며, 복부대동맥류는 뇌동맥류 다음으로 가장 빈번하게 발생하는 질환이다.

복부대동맥류는 건강 검진 중에 우연히 발견되는 경우가 흔하다고 한다. 아무런 증상이나 불편함이 없는 상태에서 발견되기 때문에 처음 진단을 받을 때 많이 놀랄 수 있다.

원인별로 보면 퇴행성 변화와 동맥경화로 나누어 보는데, 퇴행성 변화로는 가장 흔한 원인은 나이가 들면서 약해지는 혈관 벽 때문인데, 심장에서 혈액을 온몸으로 뿜어내는 압력으로 인해 약해진 혈관 벽이 풍선처럼 부풀어 오르며 비정상적으로 늘어난다고 한다.

동맥경화로는 가족력, 유전적, 또는 선천성 요인과 세균 또는 바이러스 감염으로 여성보다는 남성, 특히 흡연자에게서 많이 발생하며, 이외 위험 요인으로 고지혈증, 고혈압, 관상동맥질환, 만성폐쇄성 폐질환 등이 있다고 한다.

대부분 복부대동맥류로 인한 특별한 통증이나 불편감은 없다. 하지만 통증이나 불편감이 없다고 치료하지 않으면 결국 복부대동맥류가 과도하게 늘어나 터지게 되고, 이때 심한 통증이 발생한다. 복부대동맥류가 갑자기 터지기 전에 복부대동맥류의 크기를 정기적으로 검진하고, 적절한 시기에 치료를 받아야 한다.

복부대동맥류 치료 여부는 그 크기와 자라는 속도에 따라 다르다. 복부대동맥류가 5㎝보다 크면 터질 위험성이 높기 때문에 보통 5㎝를 기준으로 치료를 결정한다. 5㎝보다 작을 때는 1년에 1~2번 정기검진을 해야 한다.

다음과 같은 경우 개복수술 또는 스텐트 그라프트 치료를 받는다.

그러니까 5㎝보다 클 때 터질 위험성이 높고, 심한 복통이 있을 때 동맥류 파열 징조가 임박하며 정기검진 중 복부대동맥류가 6개월에 0.5㎝, 또는 1년에 1㎝ 이상 커질 때 치료를 받아야 한다.

복부대동맥이 늘어나면서 복부대동맥류 내에 혈액의 흐름이 와류(소용돌이)로 변하면서 동맥류 내에 혈전(핏덩이)이 다리로 가는 혈관으로 떠내려가 다리 혈관을 막을 수 있는데, 이를 하지 동맥색전증이라고 한다. 이로 인해 다리에 혈액순환이 안 되면 다리나 발이 차가워지거나 심한 통증을 느낄 수 있다. 하지 동맥색전증의 증상이 심하거나 치료가 늦어지게 되면 다리를 절단할 수 있으므로 하지 동맥색전증 증상이 있다면 복부대동맥류의 크기가 5㎝보다 작더라도 치료를 받아야 한다고 한다. 이외에 관상동맥질환, 다른 부위의 동맥류가 흔하게 동반된다는 것이다.

정기적으로 다니는 박 내과에서 초음파를 통해서 하는 비침습적인 검사로 통증이 없고 안전한데 복부대동맥 및 다른 혈관의 늘어난 정도와 좁아진 부분을 정확히 찾아내었다. 그리고 혈액 흐름의 방향이나 속도를 측정할 수 있었다.

컴퓨터 단층촬영(CT)을 통하여 복부대동맥류의 모양, 크기, 위치, 주변 장기와의 관계 등 다양한 정보를 얻을 수 있어 치료방침을 결정하는데 가장 좋은 검사 방법이라고 한다.

2023년 7월 10일, 대동맥류 6㎝ 이상으로 크기가 크고 파열 위험성이 높으나 스텐트 시술은 혈관 모양상 불가능하고 개복수술 외 방법이 없음을 판단 후, 고령(86세)으로 수술 위험성이 높음을 젊은 의사가 설명 후 동의서 받고 수술명 복부대동맥 수술(AAA open repair)을 한다고 한다.

전신 마취실에서 흰 가운을 입은 남녀 4명이 내가 누워 있는 침대에 다가와 수술하기 위한 간단한 설명을 하고 주사를 놓아주는 순간 나 자신을 잃은 것이다.

내가 눈을 뜨고 의식을 찾아 주변을 보니 아무도 없고 나 혼자 침대에 누워 있으며 가느다란 형광등이 비치는 분위기는 싸늘하고 허접한 주변이다. 수술 후 중환자실에서 회복될 때까지 있어야 한다. 통증은 없으나 기억은 가물가물하다.

정신을 차리고 일반 병실로 돌아와서 보니 복부를 약 40㎝가량 개복한 흔적이 보인다. 그러니까 복부 대동맥을 새것으로 교체했다는 것인데 참으로 끔찍한 양상이다. 폴대에는 5개의 주사액이 주렁주렁 걸려 있으며 복부 마취가 사라지고 통증이 시작한다.

그러기를 며칠 후 간호사와 조무사가 하는 말은 16층 복도를 연자매처럼 도는 걷기운동을 해야 한다고 재촉한다. 그래야 방귀가 나오고 음식을 먹을 수 있다고….

그런 말을 들으니 아파도 걷기운동을 해야지 하고 16층 복도를 따라 걸어 보는데 한 바퀴 도는데 약 5분이 걸린다. 정상인 사람은 1분 정도의 복도인데도 통증을 참아가며 걷기는 무척 힘든 과정이다. 수액 주사약으로 생명을 이어가니까 소변은 하루에 600㎖를 보는 셈인데 대변은 물론 생각을 할 수 없다.

같은 병실 환자도 나와 비슷한 수술을 했는데 그 사람은 방귀가 나와서 미음을 먹고 움직인 속도가 빠르게 진행되어 퇴원을 하려고 6인실로 이동하고 다른 환자가 옆자리로 온다.

매일 X-ray 검사를 4회 하면서 진행 상황을 판단하는데 특이한 점을 확인 못하니 이상증세라며 CT 촬영을 보고 아무래도 장에 이상이 있으니 다시 개복수술을 한다고 한다. 결국은 8월 7일에 개복수술을 재차 했다.

그러니까 내장 절제와 문합(resection and amastomisis)수술이다. 간단히 말하면 내장을 절제하고 잘 정돈한다는 것이다. 처음 수술시 내장 정리가 잘못된 것을 내장 담당 의사가 정리정돈을 한다는 것이다. 또다시 그곳을 개복수술을 했으니 고통이 다시 시작하는 셈이다.

열심히 걷기운동을 재촉해도 내장은 움직이지 아니하고 정지 상태다. 역시 X-ray 검사를 4회 반복해도 변화 없으니 또다시 개복수술을 한다고 한다.

결국 8월 11일 소장의 일차적 수복(primary repair df small bowel)수술을 했다. 환자인 나는 3차 개복수술을 하는 셈이다. 또다시 통증의 시련을 가진다. 그리고 걷기운동을 해야 한다고 하여 오전 시간에 한 번 오후에 한 번 하루에 두 번의 걷기운동을 한다. 화장실에 가면 소변만 하루에 500~600㎖를 보지만 다른 변화를 못 느낀다.

약 15일이 지나면서 내장이 움직이는 것을 알 수 있다. 그러니까 위에서 십이지장으로 그리고 소장으로 가서 대장을 거쳐서 막장 즉 항문으로 배출이 되는 것이다. 약물로 영양을 보충하므로 대변으로는 나올 것이 없는데 그래도 방귀 비슷한 분비물이 있으니 이제는 정상적인 코스로 진입되고 있다고 판단을 한다. 나 자신도 긍정적으로 판단을 하니까 정상적인 변화를 인식할 수 있다.

9월 5일에는 물을 먹어도 가능하다 해서 처음으로 마셔보는 물인데 큰 기대를 하고 반 컵을 마셔보는데 겁이 나기도 하지만 조심스럽게 마셔보니 이제야 사람이 되는가 싶구나 하고 사람의 영육(靈肉)을 가진 존재로 돌아온 느낌을 가져본다.

6인실로 와서 보니 전국에서 온 나이든 동맥 환자들인데 그들은 수술을 한 것이 아니고 시술을 했기에 1주일 정도면 퇴원을 한다고 한다. 대동맥 환자지만 개복을 한 것이 아니므로 식사와는 관계가 없으니까 하루에 3식을 한다. 나는 개복을 해서 음식물을 먹을 수가 없다. 5인의 환자들은 식사시간을 기다렸다는 듯 식사를 맛있게 하는 모습은 나 어릴 때 가난한 아이들의 굶주린 모습을 보는 것처럼 다른 환자들의 식사 모습에 부러워하는 내 모습이 애처로워 보인다.

물을 마셔보고 이상이 없으니 미음을 먹게 되어 먹어 보지만 두 달 동안 물 한 모금도 못 먹은 몸 상태에서 조심성이 앞을 가려 미음도 반 정도만을 먹어도 사람으로 돌아온 감정이다.

수술 후 인조혈관을 통해서 혈류가 흐르게 되었다. 큰 혈관을 수술하기 때문에 수술 후 혈압 및 맥박, 소변량, 배액관, 복부 둘레, 복부 통증, 혈액검사를 통해 출혈을 감시해야 한다. 심근경색증이 생기면 순환기내과와 협의 진료를 통해 치료해야 한다. 그리고 수술 시 전신 마취에 의해 폐렴이 흔하게 발생한다고 한다.

폐렴을 예방하기 위해 심호흡과 기침, 공 올리기 운동을 적극적으로 해야 한다고 한다. 출혈의 정도에 따라 수혈 또는 재수술의 가능성이 있다고 한다.

복부대동맥 수술로 복부를 3번 개복하고 3번 시술을 하였다. 이것은 어찌 보면 의료 사고인 것은 사실인데, 환자 입장에서는 건강을 회복해서 정상적인 생활을 하는 것만이 욕망이므로 먼저 건강 회복에 전념하도록 한다. 그리고 2023년 9월 9일이 63일 되는 날인데 퇴원을 한다. 무더운 여름철을 병실에서 보내고 가을이 오는 길목에 퇴원을 했다.

63일간이라지만 3번의 복부개방 수술과 3번의 시술을 통하여 얼마나 많은 통증에 시달렸는지 병상을 보기도 두렵기만 하다. 정상적인 수술을 했다면 1주일 만에 퇴원이 가능한 상태인데 복부대동맥 처리수술은 정상적이었는데 내장 정리를 하지 않고 덮은 것이 문제였다. 그러니까 내장 정리를 위하여 추가로 2번의 개복수술을 한 것이다. 사람의 목숨을 좌우하는 중대한 수술인데 담당 의사의 판단 잘못으로 엄청난 일을 만든 것이다. 마치 나의 육체는 의사 6명의 실습도구인 셈이다.

86세의 고령으로 3번의 개복수술은 엄청 큰 사고의 하나였다. 그래도 어느 누구도 반성과 사과의 변명은 없었다.

오래 비워둔 아파트는 변함이 없는데 거울 속 나의 모습은 10kg 빠진 허접한 노인의 상이 뚜렷하다. 그래도 주변 사람들의 많은 걱정과 안전을 위한 기도로 퇴원을 했으니 하나님의 은혜를 더욱 크게 느끼고 감사의 기도를 드린다.

(2024. 5. 11)

인생 무상(無常)이라 했나?

"모든 것을 소유하고자 하는 사람은 어떤 것도 소유하지 않아야 합니다. 선한 일을 했다고 해서 그 일에 묶여 있지도 말아야 합니다. 바람이 나뭇가지를 스치고 지나가듯 그렇게 지나가십시오."(2008년 5월 24일 하안거 결제 법문)

11일 입적(入寂)한 법정 스님은 청빈의 삶과 세속에 대한 강경한 담론으로 불자의 가르침을 실천한 불교계의 대표 선각자(先覺者)였다. 이것은 어제 매스컴에 나온 내용이다.

1932년 전남 해남에서 태어난 법정 스님(속명 박재철)은 목포에서 어린 시절을 보낸 후 1955년 오대산을 향해 떠났지만 눈이 많이 내려 길이 막히자 서울의 선학원에서 당대 선승인 효봉 스님(1888-1966)을 만나 그 자리에서 머리를 깎았다.

이튿날 통영 미래사로 내려가 행자(行者) 생활을 시작한 스님은 1959년 2월 양산 통도사에서 자운(慈雲, 1911-1992) 율사를 계사로 비구계(比丘戒)를 받았다. 이후 해인사 선원과 강원, 통도사를 거쳐 1960년대 말 봉은사에서 동국역경원의 불교 경전(經典) 번역 작업에 참여했다.

법정 스님은 1975년 10월부터는 17년간 송광사 뒷산에 불일암(佛日庵)을 짓고 홀로 살았으며 1976년 4월 대표적인 산문집 『무소유(無所有)』를 출간했다.

"무소유란 아무것도 갖지 않는다는 것이 아니라 불필요한 것을 갖지 않는다는 뜻이다. 무소유의 진정한 의미를 이해할 때 우리는 보다 홀가분한 삶을 이룰 수 있다."(「무소유의 삶」 중에서)

라고 설명하고 있다.

인간은 필요에 의해서 물건을 가지지만, 때로는 그 물건 때문에 마음이 쓰이게 된다. 많이 가질수록 얽힘 또한 복잡하게 마련이다. 더군다나 인간의 욕망은 끝이 없으니 여기에서 다툼과 불행이 잉태된다. 그래서 부처님은 탐욕(貪慾)을 십악(十惡)에 넣어 경계토록 설법했다.

불교 용어인 무소유는 산스크리트어 시마티가(simatiga)를 번역한 말로 "가진 것이 없는 상태(무소유처(無所有處)"다. 불교에서는 단순하게 소유하지 않는 것이 아니라 번뇌의 범위를 넘어 모든 것이 존재하는 상태를 말한다. 즉 삼매(三昧)의 경지다.

무소유의 삶은 새삼스러운 게 아니다. 석가모니와 초기 제자들부터 하나같이 무소유의 삶을 이상으로 삼고 실천하려 노력하였다. 그런 '무소유의 정신'이지만 일반 대중에게 이를 널리 전파한 데에는 열반한 법정 스님의 공로가 지대하다. 수필로, 설법으로 삶의 실천으로 본을 보였다.

스님은 "종교의 본질이 무엇인지 망각한 채 전통과 타성에 젖어 지극히 관념적(觀念的)이고 형식적(形式的)이며 맹목적(盲目的)인 수도(修道) 생활에 선뜻 용해되고 싶지 않았다."고 회고한 적이 있다. 그런 정신이 길상사(吉祥寺)를 창건하고도 훌훌 털고 떠나 강원도 산골에서 직접 밭을 일구면서 청빈의 삶을 살게 한 힘이 아니었을까.

“행복의 비결은 필요한 것을 얼마나 갖고 있는가가 아니라 불필요한 것에서 얼마나 자유로워져 있는가에 있다.”(행복의 비결중에서)

스님은 “장례의식을 갖지도, 사리(舍利)를 찾거나 탑을 세우지도 말라”며 마지막 순간까지 무소유의 정신을 당부했다고 한다. 고 김수환 추기경과의 종교의 벽을 허문 교우 등을 통해 우리 사회에 소통과 배려의 정신을 심어주는 데도 큰 몫을 했다.

스님은 가셨어도 향기로운 그 채취와 정신은 영원할 것이다.

법정 스님은 1992년부터는 강원도 산골 오두막에서 지내면서 외부인과의 접촉을 거의 차단했다. 다만 1996년 성북동의 요정 대원각(大圓覺)을 기부받아 1997년 길상사(吉祥寺)를 개원한 후에는 정기적으로 대중 법문을 들려줬다.

법정 스님은 다른 종교와도 벽을 허물었던 것으로도 유명하다. 법정 스님은 길상사 마당의 관음보살상을 독실한 천주교 신자 조각가인 최종태 전 서울대 교수에게 맡겨 화제를 모았고, 1997년 12월 길상사 개원법회에는 김수환 추기경이 방문했다. 법정 스님은 이에 대한 화답으로 이듬해 명동성당에서 특별강론을 하기도 했다.

종교계를 통해 세상 사람들을 경각케 하였으나 결국에는 입적(入寂)한 것이다.

구약성경의 창세기 5장을 보면 애녹이 하나님과 동행하더니 하나님이 그를 데려가시므로 세상에 있지 아니하였더라고 읽을 수 있다. 여기에서 애녹은 죽었다 하지 아니하고 하나님이 그를 데려가시므로 세상에 있지 아니 하였더라고 표현되지 아니한가.

앞에서도 본 것처럼 법정 스님의 죽음을 입적(入寂)하였다고 하는 것은 우리네 인간처럼 평범하지 아니하고 평생을 불교의 교리 속에

길상사

운구행렬

서 민생을 위하여 살아왔기에 불교의 용어대로 입적이란 말을 하며 하나님의 말씀을 순종하고 그 말씀 속에서 그 말씀을 전도하며 살았으므로 그렇게 표현한 것이라고 말하고 있다.

한 가정의 가장이라면 무소유론(無所有論)을 주장한다면 그 가족들의 삶이 곤고(困苦)할 것이지만 그렇다고 치부해야 한다는 것은 아니다.

젊은 시절은 책임의식이 있기 마련이므로 소유욕을 가질 수 있지만 나이 들어 노인의 위치에 오면 소유를 절제하고 이웃과 더불어 나눔과 배려(配慮)를 한다면 노후(老後)의 삶이 훈훈하게 유지되어 돌아가는 길이 평화로울 것이라고 말하고 싶다.

- 비구(比丘): 출가하여 승려가 지켜야 할 250가지 구족계(具足戒)를 받은 남자 승려. 산스크리트어 'bhikkhu'의 음역어이다.
- 비구계(比丘戒): 비구와 비구니가 지켜야 할 계율. 비구에게는 250계, 비구니에게는 348계가 있다.

(2010. 3. 14)

사회복지사(社會福祉士)의 뒤안길

40여 년간의 교직 생활을 마치고 사회에 나오니 마땅하게 일할 곳을 못 찾아 허송세월을 보내는 중, 대학에서 사회복지학을 강의하는 후배를 만났는데 앞으로 사회복지 분야가 전망이 좋다고 자격증 취득을 권하여 아세아연합 신학대학에 등록을 하고 주말 반에서 공부를 하기로 하였다.

한국직업능력개발원에서 제시하는 사회복지사가 할 수 있는 내용을 보니 그 활동 영역이 방대하고 현 사회에서 필요한 전문분야라는 것이 나에게 힘을 실어주었다. 사회복지사는 청소년, 노인, 여성, 가족, 장애인 등 다양한 사회적, 개인적 욕구를 가진 사람들의 문제에 대한 사정과 평가를 통해 문제해결을 돕고 지원한다.

사회적, 개인적 문제로 어려움에 처한 의뢰인을 만나 그들이 처한 상황과 문제를 파악하고 문제를 처리, 해결하는데 필요한 방안을 찾기 위해 관련 자료를 수집, 분석하여 대안을 제시하는 역할을 한다. 재정적 보조, 법률적 조언 등 의뢰인이 필요로 하는 각종 사회복지 프로그램을 기획, 시행, 평가하며, 공공복지 서비스의 전달을 위한 대상자 선정작업, 복지조치, 급여, 생활지도 등을 한다.

사회복지정책 형성 과정에 참여하여 정책분석과 평가를 하며 정책

대안을 제시하기도 한다는 것이 그 활동 내용이다. 그때 내 나이 70세인데 이것을 배워서 몇 년이나 활동할 수 있을까 하고 자가신난을 해 보았다. 그렇지만 배움에는 끝이 없으며 배울 것이 너무 많아 가다가 중지할지라도 시작이 반이라 하듯 시작한 것이 오늘에 이른 것이다. 대학에서 수학을 전공하였고 대학원에서 교육행정학을 전공하였으니 배움에 크게 도움이 되고 있음을 알게 되었다.

40여 명의 동급생 중에 내 나이가 최고였지만 수업 태도와 레포트 작성에는 먼저 완수하는 모범적인 학생으로 최고령자의 면목을 세웠다. 학교가 양평 쪽에 있어서 교통이 아주 불편했지만 배움에 흥미를 가지니 그런 불편함은 문제가 아니다.

사회복지학을 배우니까 먼저.

사회복지사의 선서

모든 사람들이 인간다운 삶을 누릴 수 있도록, 인간 존엄성과 사회정의의 신념을 바탕으로, 개인, 가족, 집단, 조직, 지역사회, 전체 사회와 함께 한다.

나는 언제나 소외되고 고통받는 사람들의 편에 서서, 저들의 인권과 권익을 지키며, 사회의 불의와 부정을 거부하고 개인 이익보다 공공이익을 앞세운다. 나는 사회복지사 윤리강령을 준수함으로써 도덕성과 책임성을 갖춘 사회복지사로 헌신한다. 나는 나의 자유의지에 따라 명예를 걸고 이를 엄숙하게 선서합니다.

학습이나 문화는 벽이 따로 있는 것이 아니고 본인이 얼마나 그 생활에 참여하며 활동을 긍정적으로 하는 데 있다고 본다. 아무리 좋은 음식이라도 먹는 자의 식사 요령과 태도에 따라 그 진미를 알 수 있으며, 세계적으로 유명한 오페라라 할지라도 감상자의 감상 태도와 수준에 따라서 그 연극의 장르를 이해하고 공감하게 될 것이다.
나이는 숫자이지 더이상 다른 면에서 논하는 것은 시대적인 감각에서 피해자가 되고 만다.

이론적인 강의를 마치고 현장실습을 해야 한다.
클라이언트는 역시 몸이 불편한 어르신들이다. 그분들은 신체적으로 불편하여 요양등급을 1등급, 2등급, 3등급으로 판정을 받으면 노인장기요양보험의 혜택을 받을 수 있기 때문에 방문요양센터에 신고하면 자격증을 가진 요양보호사가 집으로 방문하여 하루에 4시간씩 한 달에 20일간 요양서비스를 제공해주는 제도가 6년 전부터 시행되고 있다.
물론 본인의 부담비용이 15%로 규약되었으므로 보호자는 의무적으로 이 금액을 센터에 납부를 해야만 한다. 그러나 가정의 거주 형태와 가족들의 요양에 시간이 모자란다 하면 시설요양소에 입소할 수 있다. 그런 경우는 하루 24시간 그 시설에서 케어를 받을 수 있으므로 본인과 가족들에게도 편리한 점이 생긴다고 볼 수 있다. 그렇게 하면 본인의 부담이 20%이며 클라이언트의 개인 사용 물품에 대한 비용이 따로 부과된다.
대한민국의 미래는 '노인의 나라'다.
물론 노인밖에 없는 나라를 말하는 건 아니다. 그렇다고 마음을 놓을 만한 여유는 없다. 저출산·고령화로 노인 인구 비중이 커지는 건 틀림없는 사실이다. 그것도 세계에서 유례가 없을 정도로 빠른 속도다. 특히 다가오는 새해는 인구학적으로 중대한 고비를 맞는다.
노인 인구 1000만 시대가 열린다. 단군 이래 한 번도 경험해 보지 못한 나라가 현실로 닥쳐온다.

(2014. 7. 10)

왜 그러나?

“why done it?”라고 한다면 이 답은 이유가 있을 것이다.

우리가 흔히 말하기를 “공동묘지에 가면 핑계 없는 무덤이 없다”라고 하지 않던가?

무수히 많은 묘가 모여 있는 곳이 공동묘지인데 그 많은 무덤에는 이유 없는 죽음이 있을 수 없다는 것이다. 죽음에는 피할 수 없는 이유가 있다는 것이다.

마찬가지로 우리 인간사 즉 죽음 이전의 삶에도 이유가 존재하는 일들이 있기 마련이다. 인간은 이웃과 더불어 살아가는 모습이 아름다울 때 보람된 삶을 영유한다고 하질 않던가? 그래서 더불어 사는 태도에 따라서 주변 사람들로부터 칭찬과 부러움을 받게 될 터인데 흔히 괴짜 인간을 볼 수도 있고 직접 만날 수도 있다.

복지 행정 차원에서 자원봉사 및 일자리 창출의 시행으로 행정부의 주도적인 지도에 일하기 위하여 나는 정신지체 장애아들의 요양원에 가게 되었다.

‘쉼터 요양원’이란 간판을 건 곳은 사설 복지법인으로 정신지체(精神肢體) 1급 판정을 받은 아동들이 90여 명이 수용되어 있는 곳인데, 이들을 보면 하나 같이 마음이 아파 온다.

걸음도 혼자서 못 하고, 시선도 초점도 명확치 않아 눈높이와 눈 맞추기가 쉽지 않다. 그뿐인가? 대소변도 식사도 본인 스스로는 처리 못 하는 실정이다. 이런 여러 가지 문제점을 고려해 보면 안타까운 현실이다. 90여 명의 고귀한 생명의 소유자들인데 불치의 장애로 본인의 삶에 희비를 망각하고 있으니 그들의 부모들에게는 천벌받는 심정일거라고 생각해 본다.

이들은 방 하나에 7-8명이 공동생활을 하는데 그 방에는 20대 젊은 여성이 보모(保姆)로 역할을 다 하고 있다. 그중에는 24시간 누워서 숨만 쉬고 살아 있다는 것만을 유지하고 있는 경우도 있다.

상태가 조금 좋다는 아이는 휠체어 타고 정규 초등학교에 등교하는데, 정상아들과 같은 수준을 유지하기 위하여 특별 지도를 1주일에 3회를 방문하고 1시간의 개인 지도를 하고 있다. 계속 반복 교육 실시하니까 다소 늦어지기는 하여도 인지하고 따라가는 면을 볼 수 있다.

정신지체는 지능 발달이 정지되거나 불완전한 상태라고 정의할 수 없다. 생존에 필요한 여러 기능의 저하로 표현될 수 있는데 지능의 여러 측면들, 즉 인지기능, 언어, 운동, 그리고 사회적 기능에서의 기능 저하로 특징지어지며 지능지수가 70 이하임이 증명되어야 만이 정신지체아라고 할 수 있다.

지능지수의 정도에 따라 분류

• 경도(mild)는 지능지수가 50~70사이며 교육 가능(educable)으로 초등학교 6학년 수준의 교육이 가능, 분류등급으로 3급으로 판정받는다.

• 중등도(moderate)는 지능지수가 35~49사이고 훈련 가능(trainable)하며 2급 판정을 받는다.

• 중도(severe)는 지능지수가 20~34사이고 훈련 불가능(untrainable) 또는 보호가능(custodial)하며 초등학교 1학년 수준의 교육도 어려운 편이다.

• 최중도(profound)는 지능지수 20 미만으로 훈련 불가능 또는 보호 가능의 사람으로 전체 정신지체의 1%에 해당된다고 할 수 있으며 유아 자폐증까지 동반하고 있다는 것이다.

그러니까 지능지수가 34 이하면 1급으로 분류하고 이들은 일생동안 타인의 보호가 필요한 사람이며, 35~49 이하면 2급으로 단순한 행동을 훈련시킬 수 있으며, 특수 기술을 요하지 아니하는 직업을 가질 수 있다고 한다.

또 지능지수가 50~70 이하이면 3급으로 판정을 하고 교육을 통하여 사회적 재활이 가능한 사람으로 인정을 한다고 한다.

이 요양시설은 90여 명이 수용되어있으니 시설 또한 방대하다. 자체로 해결해야 하는 프로그램을 진행하려면 모든 것을 100%는 아닐지라도 다 마련이 되어있다. 이곳을 찾아와서 봉사활동을 하는 사람들을 보면 머리가 숙어진다.

이들 장애아들의 하나하나를 생각하면 마음이 짠하다. 전생에 무슨 연으로 기구한 운명으로 태어났단 말인가? 살아있다기보다는 숨쉬는 생명체라면 적당한 표현일지 몰라도 안타까운 표현이다. 일반적인 고아원에서는 성인이 되면 출소해서 사회의 일원으로 출발을 해야 하는 희망적인 제도가 있어도 걱정이 앞서지만 이들은 성인이 되어 사회로 갈 수 없는 처지가 현실이다. 생활의 기본행위 자체를 본인이 할 수 없기에 사회로 나가서 살 수가 없으니 전망이 없는 존재로 평가하기도 한다.

부모가 경제적으로 넉넉하여 집에서 양육할 수 있다 해도 하루 이

틀이 아니므로 가족 간의 갈등이 발생할 수도 있는 실정이다. 국가적으로 제도화하여 지원 육성하는 현실은 참으로 좋은 복지정책으로 높이 평가를 하고 싶다.

특히 이들과 같이 생활하고 있는 보모(保姆)들의 인격에 존경을 표하면서 살신성인(殺身成仁)의 자세는 기성세대들이 인정하고 대접을 해야 한다고 말하고 싶다.

정상적인 육체와 정신을 가진 정치인과 위정자들의 행실은 가히 비천스럽기도 한데 좀 더 시야를 넓게 보는 위정자가 된다면 우리나라의 복지가 행복의 지름길이 될 것으로 사료되는 바이다.

(2004. 12. 14)

변해 버린 고향산천

12월 1일인데도 도시라서 그런지 춥다고 하기에는 그렇다. 지하철을 3번이나 갈아타고 도착한 곳이 예약된 의정부다. 도시개발의 역풍에 역사(驛舍)도 그 영향을 받은 듯 옛 역사를 헐고 있는 모습이 어수선하다. 한쪽은 폭격기의 폭탄을 받은 양으로 여기저기가 형편없이 나동그라져 있다. 콘크리트 벽 속에 들어 있는 철근들이 삐쭉삐쭉 불거져 있는 모습이 괴물스럽고 썰렁하게 시선을 모으고 있다. 전쟁 이후의 복구 현장을 보는 것처럼 흉하지만 구시대에서 현대로의 변화 과정에 들어가는 과정처럼 보는 이의 생각은 백인 백색이다.

두어 달 전에 고향을 다녀온 생각이 앞서고 있다.

국도의 고속화 계획에 따라 만들어진 고속화 도로가 새 옷으로 단장해서 아직도 아스콘 냄새가 풀풀 나는 듯하다. 그러나 그 길은 분명 통행요금을 내지 않을 것인데 어찌하여 다니는 차들이 별로 안 보이고 예전에 다니던 국도로 다니는 차들이 틈을 주지 아니하고 밀려오고 있다. 마을 어귀에 덩그렇게 세워진 마을 회관에는 게을러 보이는 60대 친척이 젊은이들과 같이 이야기꽃을 피우고 있다.

나는 건너편 낮은 산에 모셔놓은 부모님의 묘소에 눈길이 멈추었다. 우거진 잡초와 질퍽이는 길 흙은 걸음을 더디게 한다. 힘든 생각을 할 여유도 없이 허겁지겁 미끄러우면 손으로 주변의 잡풀 머리를 잡아 가며 마치 내 살고 있는 집으로 오시는 어머니를 마중을 나서는 기분이다. 외롭고 쓸쓸하게 잔디가 많이 벗겨지고 흙들이 부분적으로 흩어져서 마치 세탁을 못한 이부자리를 보는 듯하여 눈물이 고인다. 묘 주변을 살피고 잡풀을 제거하며 흙을 다지면서 이불을 잘 덮어 드리는 마음으로 잠시 마음을 가다듬고 부모님 산소에 성묘를 하고 주변을 살펴보니 새로 생긴 묘들이 즐비하다.

산 정상에 올라서 내려다보이는 살던 집을 보니 크게 보이는 기와집은 간데없고 2층 스라부 건물 같은 집이 보인다.

1894년 10월 26일에 태어나신 아버지가 동갑내기 어머니와 새 살림살이를 시작한 곳인데 돈을 모아 둘째 누님이 5살 때 5칸 겹집으로 지어 마을에서는 제일 큰집이었다. 지금은 보통이었지만 부모님의 자수성가 면목이 실증이라도 하듯 보였다. 그 집에서 10남매 자식을 성장시켜 마을에서는 부잣집이라고 부러워했는데, 어찌 된 일인지 예전 집과 주변 모습이 흔적도 없이 완전히 변해 있다. 보는 순간 기가 막혀 숨이 멈추는 듯하고 허탈한 기분이 자리에 주저앉을 지경이다.

대문 앞 은행나무는 100년도 넘어 수신(樹神)의 신령(神靈)을 지녔다 하고 마을 사람들의 정성이 깃들어 있는 믿음의 상징으로 자리 지켜 왔는데, 어이하여 흔적도 없이 잔뿌리조차 볼 수 없으니 아마도 젊은이들이 마을 개척을 한다고 재개발한 듯하니 역사가 사라진 모습이다.

500평이나 되는 집터가 텅 비어 있고 옛 모습은 찾을 길이 없어 원망스러운 기분이다.

마당 주변에는 석류나무와 감나무가 있었고 살구나무도 누렇게 익어 주렁주렁 달려 있었는데 풀 한 포기 남아 있지 않은 것은 고향에 대한 실의가 나 자신을 책망하는 듯한다.

중학생 시절까지 친환경 속에서 농촌 소년으로 자유스럽게 성장하여 고향의 정답던 추억이 많이 있는데 돌이켜 볼수록 그 시절이 그리워진다. 봄빛같이 따뜻하고 온화한 환경에서 다복한 가정 분위기는 모두가 부러워하는 가정이었는데 너무도 허망하게 우리 가정의 비하인드 스토리가 지워진 셈이다.

봄에는 산과 들에서 봄나물을 캐기도 했고 꽃을 따라 봄 내음 맡으며, 여름에는 강물에서 수영과 고기 잡으며 한 철을 보내고 가을에는 마을 여기저기에 감나무와 살구나무가 그리고 방천 너머에는 나무가 울창하여 잘 익은 알밤도 주워 생밤으로 먹기도 하고 겨울에는 꽁꽁 언 강 얼음판에서 썰매 타면서 추위도 잊고 자랐다. 그래서 고향의 이곳저곳 추억이 옥수수알처럼 마음 깊이 박혀 있는데…. 그뿐인가. 여름철에 밭에 가서 오이를 따다가 고추장을 바르고 찬밥을 먹어도 그 맛이 좋았고, 가을에는 감나무에 올라 홍시도 따먹고 밤나무 밑에서 알밤도 주워 생밤으로 맛을 음미하며 먹고, 빨갛게 익은 앵두도 먹으며 살구나무에 올라 따먹던 누렇게 익은 그 맛은 별미였다.

마을에서 5km나 떨어진 읍내에 중학교를 다니며 논두렁에 물고를 확인하고 아버지의 농사일에 도움이 되는 것처럼 열심히 잘 다녔는데, 고등학교 다니겠다고 집을 나온 것이 고향과 멀어진 사연이다. 공부해야 한다는 마음을 잊지 않고 계속 객지에서 살다 보니 완전히 고향을 버린 것처럼 등한시하게 되었다.

대학교를 졸업하고 바로 직장을 다니게 되면서 고향과 더 멀어지게 되니 부모님에 대한 불효가 누적되는 마음이 지금의 심정을 후벼 파고 있다.

부모님 묘소를 마을 앞산에 모셨으니 자주 성묘를 해야 하는데 객지 생활이 그렇게 녹록지 않아 불효하고 있다고 생각할 뿐이다.

고향에 가면 알 수 있는 사람은 하나도 없다. 모두가 내가 알고 살았던 지인들의 후손으로 처음 보는 얼굴이라 어색하기만 하다.

시절이 바뀌고 시대가 변해서 시골 문화의 언저리가 세계화의 문화의 물결로 변하고 있다.

급속하게 변하는 것은 도농 간의 사회문화가 일일생활권으로 좁아졌기 때문이기도 하다.

거리상으로는 멀어도 고속화 도로의 이점과 TV문화의 전파와 핸드폰의 통신 수단 등 다양한 기기로 4차산업의 지름길을 가고 있으니 지방 농촌과 도시와의 문화 차이는 계속 좁아지는 현실이다.

이런 변화 속에서 고향 마을이라고 뒷짐 지고 구경이나 하고 있겠나? 젊은이들의 예리한 판단과 행정 능력의 지원체계로 변해가는 것은 당연하다. 고향의 옛 추억을 따지지 말고 현대화로 가는 모습에 박수를 보내야 한다.

(2009. 12. 1)

현실에 만족하자

1938년 4월 15일, 음력으로는 3월 15일이 나의 출생일이다. 3월 보름달이 하늘 높이 대지를, 덥지도 춥지도 아니하고 눈부시지도 아니하여 볼수록 흡족해지는 넉넉한 계절, 밤이 지나고 아침햇살이 천지를 진동이라도 한 밝은 아침, 진시(辰時: 11시)에 세상에 태어났으니 감사한 일이다.

농사일은 부모님으로부터 도제(徒弟) 교육식으로 익혔으며, 세상 속에서 큰일 작은 일 체험으로 단련했으니 지금의 생활은 지혜와 슬기로 그리고 인내를 앞세워가며 큰 비전을 가진 것처럼 30대의 체력을 동경하고 당당하게 하루의 시간표를 세운다.

생일을 자축이라도 하듯 온양온천을 다녀왔다. 넉넉지는 아니해도 하루의 지출에 마음 크게 먹고 생일날만은 마음 놓고 여유를 가져보자는 편한 시간이다.

72년이란 세월이 너무나 아쉽기만 하다. 매년 그러했지만 항상 노력하고 건강하게 주어진 일과에 성실하게 임무를 수행하면 그 대가는 주어지니까 그 생활만이라도 시간을 아껴 유효적절하게 사용할 때 보람을 가진다.

기독교계 고등학교를 다녔어도 종교적인 생각은 부족하여 사회에서 다시 종교적 생활을 하기 위하여 친지가 다니는 교회에서 마침 생일날 세례를 받았다. 영적(靈的)으로 육적(肉的)으로 하나 됨직한 순간이 세례를 받고 보니 신앙의 힘이 생활의 안내자처럼 의지하게 된다.

사회복지 사업의 일환으로 서울노인복지센터로 허가를 받아 재가방문 요양서비스를 업무로 출발하고 있으나 그 수입이 나의 생활비에 도움을 주지 못해도 복지사업을 하는 나의 마음은 기쁨으로 진행하고 있다. 요양보호사들을 고용하여 재가방문하여 노인 어르신들을 요양하는 복지실천이 참으로 추천할 만한 사업으로 권유하고픈 내용이다.

우리나라는 뒤늦은 제도이지만 복지사업으로 국가적 사업으로 몸이 불편한 어르신들에게는 크게 도움이 되는 사업이다.

나는 건물관리 일을 하면서 복지사업권을 유지하는데 수입과는 별도로 운영하는 것이라 마음은 즐겁기만 하다. 육체적으로 곤고(困苦)하지만, 요양사들이 재가방문 서비스로 노인을 케어한다는 마음을 생각하면 나 자신이 나랏일에 기여한다는 생각이 자부심을 가지게 한다.

대학에서 뒤늦게 획득한 사회복지사(社會福祉士) 자격증의 가치는 국가사업에 일익을 하고 있음에 작은 만족을 가진다.

개인 사정으로 사업을 유지하지 못하고 지금은 문학 분야에서 노후의 여가활동을 하기 때문에 그 젊은 시절의 팽팽한 활동이 그립고 다시는 할 수 없는 일이지만 감사를 가진다. 주변에서 볼 수 있는 사회복지사를 만나면 전문적인 대화가 이루어지므로 현실에서의 생활에 생각의 여유가 있어서 더욱 많은 전문 서적에 마음 가져본다.

(2010. 4. 10)

박 교장의 퇴임식장에 가다

8월 말이라서 아침저녁으로는 서늘함을 느끼게 한다. 금년 여름 기온은 예측하기 어려운 기상도를 예보하여 생활에 많은 어려움을 주었으며 폭염(暴炎) 속에서 지낸 여름날의 생활은 짜증이 먼저 날 지경이다.

게릴라 성 폭우로 또는 강력한 태풍의 진입 예보로 태풍 진입지역의 학교는 불시에 임시 휴교령이 발동되어 국민들이 생활에 혼선을 갖게 된 점은 자연 현상에서 초래하는 현상으로 불가항력의 사태로 감수해야 하는데 태풍이란 악재가 우리 서민층에게 주는 피해는 막대하다.

30년 후배가 고등학교 교장직에서 정년(停年) 퇴임(退任)을 한다기에 초대되어 시간에 맞춰 참석했다. 퇴임식은 소강당에서 간소하고 실리적으로 준비됐다.

정면의 현수막에는 "박O식 교장 선생님의 명예로운 정년퇴임을 축하합니다"라고 쓰여 있다.

대학을 졸업하고 30여 년간 교직에 종사한 인생의 간단한 약력을 소개하는 인사말에 모두가 숙연한 분위기다.

8월 31일 오후 5시가 박O식 교장의 임무가 종료되는 시간인데, 한 치의 여유도 남기지 아니하고 유종의 미를 현장에서 마무리하는 셈이다.

학교 교감 선생이 박O식 교장을 소개하고 간단한 마무리 인사를 박 교장이 한 후 준비된 뷔페로 모두가 식사하면서 행사는 끝이 났다.

생각 같으면 교직원 중에서 대표로 감사의 인사와 건강한 퇴임식을 축하하며 꽃다발 증정도 하고 재학생과 학부모 몇 분이라도 참석하여 평생 봉직(奉職)해 온 마지막 직장에서의 퇴임식이 기억에 남겨지면 하는 아쉬움이 서운하게 남는다.

교원 정년이 단축된 것이 엊그제 같은데 벌써 20년이 지났다.

지난 1998년 국회는 교사의 정년을 65세에서 62세로 단축하는 '공무원법 개정안'을 가결했다. 초·중·고 교원(교장·교감·교사)의 정년퇴임(停年退任) 연령을 주민등록상의 62세 생일을 기준으로 한 것이다.

이해찬 당시 교육부 장관이 추진한 정책이었다. 반발이 따랐다.

정부는 경제적 보상으로 무마하려 했다. 당시 약 2만여 명의 교사가 정년, 명예퇴직을 신청했다. 하지만 한꺼번에 쏟아져 나온 퇴직자들이 교육정책에만 압박을 가한 게 아니다. 곧장 교사 부족 사태가 발생했다. 이번에는 교사 충원대책을 쏟아냈다.

교육부는 퇴직 교원 기간제 임용방안(초빙계약제)을 발표했다. 정년을 단축하면서 내보냈던 교원을 비정규직으로 다시 불러들이겠다는 것이다. 그것으로도 부족했다. 그래서 지난 2000년 교대 신입생 정원을 10% 늘리고 학사편입학 정원도 입학정원의 5%에서 10%로 상향 조정했다.

외환위기 이후 교직의 인기가 치솟던 시기였기 때문에 이런 정책은 환영받았다.

하지만 당시에도 우려의 목소리가 없지 않았다. 급격한 감소 추세에 있는 유아(幼兒) 인구가 학령기에 접어들면 교사 수급에 문제가 생긴다라는 것이었다. 이에 대해 문교부는 학급당 학생 수를 줄여 교육 여건을 개선하는 계기로 삼겠다는 답변을 내놓았다.

지난 2001년 교육부는 '교육여건 개선 추진 계획'을 발표했다. 이 계획의 골자는 당시 37.9명이었던 학급당 학생 수를 35명으로 낮추기 위해 신규 교사 채용을 대폭 확대하겠다는 것이었다.

시대적 변화에 따라 교육 현장에서의 변화는 불가피한 사실로 여겨진다. 퇴직자(退職者)들은 인생 이모작(二毛作)을 마감하고 인생 삼모작을 해야 하는 인생의 여정이다. 앞으로 인생 삼모작을 어떻게 설계하는가가 180도로 급변하는 현실적인 상태로 전환에 끌려가는 불가항력의 처지로 우선 실의가 몰려온 것이다, 모든 능력이 일시에 정지된 셈이다. 사회로부터 소외당하고 손발이 묶인 셈이며 방향감각도 잊은 꼴이다.

소외된 시간이 길수록 자아(自我)의식(意識)을 잊을 수 있다. 업무상 출근은 아니어도 작은 목표를 정하고 출근처럼 매일 시간을 정하고 어디든 가야 한다. 그러니까 도서실, 복지관, 또는 종교적인 모임 같은 곳을 선정하여 일과(日課)를 만들어야 한다.

이런 생활을 시작하면서 여가(餘暇)시간을 가정(家庭)이나 사회적(社會的)으로 활용할 수 있는 기회를 마련하게 되어 변화된 생활에서 오는 변환점을 잘 극복할 수 있다.

많은 재능을 가득 담고 퇴직한 지식의 금고(金庫) 같은 신분인데 그대로 사장(死藏)한다는 것이 아쉬울 뿐이다. 장기간 교직에 봉직했으니 노후에는 휴식을 가지는 것 또한 유익한 여정이다. 그러나 매일 출근을 하던 사람이 어느 날 갈 곳을 잊은 처지가 되면 정신적으로 육체적을 크게 변화를 가지게 되어 잠재된 허약점이 서서히 나타나게 되어 하나의 질병과 세월을 보내야 한다. 가던 길을 멈추고 방향감각을 상실한 꼴이 된다. 그래서 노인의 행세는 못할지라도 여가문화생활을 해야 한다. 가까운 여가문화시설에 등록을 하고 매일 같이 출근하는 습관으로 정상적인 활동을 해야 한다.

혹여 못 해본 여행을 한다고 국내와 국외 여행을 한다고 생각하면 그것도 한동안이지 매일 반복적인 일상으로는 어렵고 쉽게 싫증이 유발되므로 어려운 계획으로 자아를 망설이고 만다.

만일 퇴직자들 모임을 한다고 해도 만나서 할 수 있는 대화는 제한적이고 바로 싫증을 가지게 된다. 경제적으로는 윤택한 노후를 유지한다고 하지만 정시적으로 육체적으로 쇠약해지는 것은 불가항력이다.

(2018. 8. 31)

서치라이트(search-light)

서치라이트란 강력한 광원과 반사경을 조합하여 강렬한 광속을 고공까지 도달시키는 조명(照明)장치를 말한다.

아침 6시 30분에 집 앞 넓은 곳에 아침 운동을 하려고 나왔는데 마침 동편 하늘에서 해가 떠오르고 있다. 천천히 오르는 그 모습은 잠에서 눈뜨고 창문을 열고 얼굴을 보이듯 실눈으로 보이다가 점점 크게 눈을 뜨는 생명체 같이 솟아오르는 태양은 그 빛이 강렬하여 내 눈을 부시게 한다.

태양(太陽)은 동쪽에서 거창한 빛과 광채를 내뿜으며 대지를 통째로 먹어 삼키듯 위력을 보이는데 순간 북쪽에서 또 하나의 태양 빛이 내 눈을 당황하게 한다. 도대체 어찌 된 일인가?

그뿐인가, 남쪽에서 또 하나의 빛이 나의 오른쪽 얼굴을 비치고 있다. 참으로 신기한 아침 현상이다. 시골집에서는 보지 못한 태양들의 모습이 도시에서는 나의 정신을 흐리게 한다. 다시 한번 주위를 살펴보니 내 등 뒤에서도 송곳처럼 강렬한 빛이 내 얼굴이며 내 몸 전체를 쏘아 비치고 있다.

순간, "주여! 어찌하여 나에게 이 무서운 광채를 집중하여 보내시나요" 마치 나는 고해성사(告解聖事)를 하듯, 외마디 주문을 외듯, 소리도 못 내면서 입속에서만 빙빙 외쳤다.

이렇게 양심에 따라 자아비판을 하듯 잠시 반성하는 시간을 가져 본다.

"하늘을 우러러 단 하나의 부끄럼이 없는데…." 하는 작은 양심을 토로하듯 말하고픈 순간 북쪽에서의 태양이 사라지고 같은 시간에 남쪽의 태양도 그리고 내 등 뒤의 태양이 동시에 사라져 또 한 번 놀랐다. 동에서 비쳐오는 태양을 보니 더욱 강렬하고 눈부시며 열기를 부어주는 듯 내 몸의 체온이 상승하는 듯 놀라서 태양신(太陽神)을 외치게 되나 보다.

두 팔을 약간 벌리고 두 손을 쩍 펴서 하늘을 향해 올렸다.

"주여~ 주여~ 비나이다. 미숙한 저에게 건강과 행운을 주세요." 주여~ 주~여. 기복(祈福) 기도를 하는 미약한 존재가 무엇을 바랄까.

건강은 나 자신이 노력하고 생활화해야지 하나님의 힘으로 건강하기를 바라는 것 자체가 모순이지만 나약한 존재로 남에게 의존하려는 것이 일반 사람들의 생각일 것이다.

사방을 둘러보니 고층건물이 숲을 이루고 있으며 서로 키재기라도 하는 듯 하늘 높이 솟아 있고 건물 벽에는 투명한 유리로 감싸서 해가 비치니 반사되어 또 하나의 태양을 잠시 연출한 것을 뒤늦게 알게 되었다.

건물이 우후죽순처럼 들어서니 양지가 음지로 그리고 음지가 양지로 지형적 변화가 발생하는 후천적 양상을 볼 수 있다.

사방팔방에서 강렬한 빛을 비추는 광경은 넓은 광장에서 콘서트할 경우 사방에서 서치라이트를 쏘아 비쳐서 연주자의 신분을 부각시켜 주고 보는 이들의 시선을 집중시켜 더욱 흥미를 고조시켜 준다. 또한 영화 같은 데서 보면 형무소(刑務所)에서 탈출하는 죄수를 찾기 위하여 사방에서 서치라이트를 집중 사격하듯 쏘아 대는 광경을 볼 수 있다.

예전에 시골에 가니 현수막(懸垂幕)이 마을 입구에 널부러지게 걸려 있는 것을 보았다. 내용인즉 박 아무개 집 둘째 아들 박 아무개가 사법시험(司法試驗)에 합격했다는 것인데 그런 내용의 현수막이 한군데만 있는 게 아니고 초등학교 정문에도, 중학교 정문에도, 버스 정류장에도, 읍내 시장 입구에도 가로질러 걸려서 펄럭이고 있다. 이것은 가문(家門)의 영광이요, 마을의 자랑거리며, 초등학교의 영광스러운 홍보 내용이 되며 우리 모두를 잠 깨우는 활력소가 되기도 한다.

그뿐이 아니라 중앙일간지에는 전체적으로 합격자 수와 이름 정도만 보도되지만 지방 신문에는 특종 빅 뉴스로 색칠하기도 한다.

마치 운동장 한복판에서 서치라이트를 받는 승리를 만들어 낸 운동선수와 같은 형상이다. 야간 경기를 보면 이런 광경은 자주 볼 수 있다.

한 번뿐인 인생, 살면서 호랑이처럼 가죽은 못 남겨도 이름 석 자는 남겨 놓아야 한다는 욕심은 어느 누구나 공통된 희망 사항이다. 능력이 되면 한 길을 가면서 최선을 다하여 사회에 공익적인 존재가 되어야지 가족 전체에 누를 끼치는 존재로 이름 석 자를 남기는 추한 꼴은 차라리 이름 없는 존재로 흙과 살다가 한 줌의 흙으로 돌아가는 것이 나을 것이다.

평생을 사계절도 모르고 살면서 가난과 고통 속에서 눈물로 세월을 살다가 가는 인생은 얼마나 애잔한가?

고위 공직자로 한때 권력 남용하다가 부정부패의 주인공이 되어 국민의 지탄을 받고 직장에서, 학계에서, 사회에서 면식을 감추고 살다가 남은 인생을 차디찬 골방 감옥살이로 끝내는 삶은 본인뿐 아니라 후손 및 가문에 먹칠하는 인물이 되고 만다.

서치라이트보다 등잔 불빛 아래서 조용하게 평범하게 시(詩)와 수필을 동행자로 살다가 수목장(樹木葬)이라도 받는다면 후에 존경은 아니라도 지탄의 대상은 면하겠지?

인생 삶의 가치 기준은 어디에 둘 것인가? 그것은 각자의 삶의 수준에서 형형색색으로 평가를 해야 할 것이다.

(2017. 11. 3)

평양 표준시

북한은 2015년 8월 15일 "동경 127도 30분을 기준으로 하는 시간(국제표준시+8시간 30분)을 조선민주주의인민공화국 표준시간으로 정한다"고 선언했다. 그전까지 북한은 한국, 일본 등과 함께 동경 135도를 기준으로 하는 시간(국제표준시 +9시간)을 써 왔다.

현재 대부분 국가에서 영국 그리니치 천문대의 국제표준시에서 한 시간 단위로 시간대를 나눠 사용하고 있다. 30분 단위로 나눌 경우 지나치게 촘촘하게 시간대가 구분돼 항공, 항해, 기상관측 등의 정보를 교류할 때 불편이 많다.

우리는 국토 중심부를 지나는 동경 127.5도를 표준 자오선 기준으로 삼았다. 국제표준시보다 8시간 30분 빠른 시간이다. 그러다 불과 4년 만인 1912년 일제 강점기 때 일본에 맞춰 동경 135도로 변경했다. 현재 표준시가 일제 잔재라는 비판은 여기에 비롯됐다.

1954년 이승만 정부가 일제를 청산한다는 취지에서 표준시 기준을 원래대로 바꿨지만, 군사 정권이 출범하면서 미군과의 연합훈련 등을 이유로 동경 135도로 변경됐다.

현재 30분 단위로 시간대를 끊은 곳은 이란, 인도, 미얀마 등 10개국 정도다.

북한에서도 아이폰을 쓰는 사람들이 있다. 북한 내부에서는 3G(3세대 이동통신)나 LTE(4세대 이동통신) 등을 이용해 스마트폰을 쓸 수 있다. 북한이 직접 개발한 스마트폰인 '평양 터치'의 겉모습도 애플폰과 비슷하다.

지난 27일 열린 남북정상회담에서 김정은 북한 정무위원장이 풍계리 핵실험장 공개 폐쇄와 평양 표준시를 서울 표준시에 맞출 의사를 밝힌 것으로 알려졌다. 청와대 윤영찬 국민소통 수석은 29일 춘추관에서 가진 남북정상회담 종합 브리핑에서 이같이 밝혔다.

한편 청와대는 이날 김 위원장이 30분 차이 나는 평양 표준시에 맞출 것이라고도 발표했다. 청와대 발표에 따르면 김 위원장이 이날 오후 리설주 여사가 도착한 뒤 문재인 대통령 부부와 환담을 나누던 중 평화의 집 대기실에 서울시와 평양시를 따로 표시한 시계가 두 개 걸려 있는 것을 거론하면서 "이를 보니 매우 가슴이 아팠다. 북한과 남한의 시간부터 먼저 통일하자"면서 "이것은 같은 표준시를 쓰던 걸 바꾼 거니 우리가 돌아가겠다. 대외 발표해도 좋다"고 제안했다. 한반도에서 두 개의 이념이 힘겨루기 하고 있는 것은 한 민족의 자기 고집의 뚝심인가?

(2017. 10. 15)

행복한 여행

곡우(穀雨) 무렵이면 못자리를 마련하는 것부터 본격적으로 농사철이 시작된다. 그래서 "곡우에 모든 곡물이 잠을 깬다"는 것으로 농촌에서는 한 해의 농사가 시작되는 시기라고 하는데 그렇다고 비가 오면 안 좋다는 이야기도 있다. 어제가 곡우(穀雨)로 날씨는 화창하고 아침에는 섭씨 10도라 해도 낮에는 섭씨 20여 도를 넘나들어 계절의 변화를 체감할 수 있다.

오늘은 논현동 성당 설립 40주년의 행사로 당진 솔뫼에 있는 김대건 신부님의 생가가 있는 성지(聖地)를 순례(巡禮)한다. 구역별로 준비를 하고 출발을 한다 해서 나는 8구역의 지인을 통하여 동행하기로 하였다. 성지순례하는데 어떤 자격 같은 요건은 아니지만 무신자가 편승하기는 순조롭지 못한 분위기이다.

나는 미션스쿨을 졸업하였어도 종교적인 이론은 뒤떨어진 셈인데 천주교의 교리와 예배 등에 관심이 있어서 오래전에 미사에 참여를 해 보았지만 진행 절차가 복잡하여 크게 끌리지는 아니해도 개신교(改新教)에 비하여 교인들의 언행(言行) 자체가 엄숙하고 진솔하게 느껴지고 존경스러운 선입감이 생겨서 마음속으로 관심을 가지고 있었다. 그렇다고 혼자 불쑥 찾아가서 '새 신자로 왔습니다'라고 하기에는 쑥스럽고 용기가 없어서 망설이고 있던 차 독실한 신자분의 추천을 받아 새 신자 교육으로 매주 화요일 밤 8시부터 10시까지 교리 공부를 하는 중에 성지순례 차에 동행하게 되었다.

관광버스에 30여 명의 남녀 신자들이, 아침 8시에 서울을 떠나서 당진으로 가고 있다. 매연이 가득한 서울 거리를 벗어나서 멀리 여행하는 것은 몇 년 만이다. 더구나 관광버스로 편안하게 가는 것은 생각만 해도 감격스럽고 고마운 일이다.

지나쳐가는 산과 나무들이 더욱 파랗고 풍요롭게 보인다. 아직은 빈 논밭들이지만 넓은 평야는 경지(耕地)작업이 잘 되어 외국의 농경지 같은 느낌을 준다.

초가집은 볼 수 없고 단독주택 역시 보이지 아니하고 여기저기에 아파트가 숲을 이루고 있어 1950년대의 시골 모습은 옛날 동화책 속의 그림 같기도 하다. 옆 차선으로 달리는 승용차들은 세차를 한 것처럼 깨끗하고 외제 차도 쉽게 눈에 띈다. 도로가 잘 개설되어 우리나라의 어느 곳을 가도 도로는 아스콘으로 잘 건설되어 자동차들이 거침없이 잘 달리고 있으니 그 속에서 살고있는 사람들은 왕복 시간이 단축되어 하루에도 하는 일의 양이 엄청 많을 거라 생각이 든다.

우리나라 어디든지 당일(當日)로 일보고 돌아올 수 있는 도로 사정으로 도농(都農) 간의 경제와 문화적인 변화가 균형을 이룬다고 본다. 설상가상으로 핸드폰과 인터넷과 TV까지 일일생활권으로 소통이 되기 때문에 도농 간의 소통은 바로 이루어진다.

솔뫼성지는 충청남도 당진시 우강면 송산리에 있는 김대건(金大建) 신부님의 생가지로 1998년 7월 28일 충청남도기념물 제146호로 지정되었다. 국내 제1의 가톨릭 성지로서 가장 명성 높은 이곳은 김대건(金大建)의 순교 정신을 추모하고 가톨릭 정신을 계승하기 위하여

가톨릭 신자는 물론 전국에서 찾아온 순례객이 기도하는 곳이다.

생가지에는 김대건의 추모탑과 동상과 추모비 등이 있다. 1925년에는 교황 피우스 11세에 의해 김대건이 복자(福者)*로 선포되었고, 1984년 5월 6일 한국천주교 200주년을 기념하기 위해 내한한 교황 요한 바오로 2세에 의해 성인(聖人)*으로 선포하고 신품성사(神品聖事)*를 받고 세례명은 안드레아로 우리나라 최초 신부가 되었다. 그 후 이곳은 역사적, 종교적으로 중요한 가치를 지니는 문화유적이 되었다.

김대건 신부님은 25세에 생을 마감하였다. 군문효수형(軍門梟首刑)*으로 1846년 9월 16일 새남터에서 참수를 당하였고 신부의 기념비는 전라북도 익산시 망성면에 있고 묘소는 경기도 안성시 양성면 미산리에 있다. 묘소가 있는 미산리 일대는 미리내성지로 널리 알려져 있다.

순조 21년(1821년) 출생하여 현종 14년(1846년)에 생을 마감하였지만,

1984년 12세까지 살았다는 생가(生家)는 잘 보존되고 있으며 프란치스코 교황님이 한국 방문했을 때 직접 이곳까지 다녀갔다는 기록과 동상이 실체처럼 만들어져 있다. 공원 형식으로 조성되어 있으며 예수님의 일생에 대한 조각물로 14처상을 만들어 놓아 실체를 연상케 하여 보는 사람들의 가슴에 뜨거운 신앙심을 갖게 하였다.

우리나라의 천주교 역사를 쉽게 이해할 수 있도록 조성되어 성지로서 크게 기여하고 있다. 도시의 성당보다도 실감하고 신앙으로의 믿음을 간절하게 공감할 수 있게 한 이곳은 영원한 한국천주교의 성지가 될 것으로 믿는다.

지방 시골길이지만 도로 양옆에는 벚꽃 나무를 가로수로 심어놓아 마침 만개한 벚꽃을 볼 수 있어서 봄 향기를 만끽할 수 있었다.

오늘의 나들이는 나의 생활에 재충전의 기회가 되고 천주교에 대한 신앙으로의 새로운 믿음을 가지게 한 성지순례(聖地巡禮)인 것이다.

*복자(福者): 가톨릭교회에서 신앙생활의 모범으로 공적 공경을 받는 사람에게 주는 존칭 또는 그 존칭을 받은 사람.

*성인(聖人): 가톨릭교회에서는 영웅적 유덕의 인물을 정식으로 성인으로서 공인하고, 순교자(martyr)와 함께 성인의 칭호를 준다.

*신품성사(神品聖事, holy orders): 로마 가톨릭의 일곱 성사 가운데 하나. 해당 교구의 주교가 부제에게 사제로서의 신권(神權)을 부여하여 사목(목회)을 맡기는 의식을 말한다.

*군문효수형(軍門梟首刑): 죄인의 목을 베어 높은 곳에 매달아 사람들이 볼 수 있게 한 형벌의 일종이다.

(2018. 10. 25)

설날의 환호성(歡呼聲)

오늘은 2018년 2월 15일이다. 아침 일찍 지하철 7호선 장암행을 타고 상봉역에서 내려 1번 출구를 향하여 발걸음이 바쁘게 움직인다. 내일이 한국 고유의 설날(일명 구정)이라 해서 설날 연휴가 오늘과 내일 그리고 모레까지라 고향으로 가는 사람들과 여행을 위하여 해외로 출국하려는 사람들이 여러 곳에서 분주하다.

설날·구정(舊正), 정일(正日)은 한민족의 전통적인 명절로, 음력으로 한 해의 시작인 음력 1월 1일을 가리킨다. 설날 하루 전과 다음 날을 포함한 '설날 연휴'는 '추석 연휴'와 함께 「관공서의 공휴일에 관한 규정」에 따른 법정 공휴일로 지정되어 있다.

설이라는 이름의 유래에는 대체로 네 가지의 설(說)이 있는데 새로 온 날이 낯설다는 의미에서 낯설다의 어근인 '설다'에서 온 것으로 본 시각과, 한 해가 새롭게 개시되는 날을 의미하는 '선날'이 설날로 바뀌었다고 보는 시각, 한국어로 나이를 의미하는 살과 동계어라는 시각, 그리고 자중하고 근신한다는 의미의 옛말인 '섧다'에서 왔다고 보는 시각들이 존재한다.

사실 딱히 어느 것이 옳고 어느 것이 틀렸다기보단 저런 의미들이 다 포함되었다고 보는 편이 일반적일 것이다.

또한, 설 전날을 '까치설'이라고도 하는데, 까치와는 관계없고 작은 설을 뜻하는 '아치설' 또는 '아찬설'이 변한 말이라고 한다. 어차피 '까치'도 울음소리를 나타낸 말과 작다는 뜻의 '아치'가 합쳐진 말이다.(CC BY-NC-SA 2.0 KR)

오늘은 기온이 영하 9도이고 낮에는 영상 4도라고 예보한다. 그동안 영하 15도까지 내려가서 몹시 추웠는데 설 연휴에는 다소 상승한 편이다.

강원도 평창에서는 동계올림픽이 9일부터 25일까지 개최되어 세계 선수들이 역량을 발휘하고 있는데 우리나라는 전 국민이 열광을 보내며 관심이 최고조로 쏠리고 있다. 이때를 맞춰서 KTX고속 열차를 개통하여 행사에 크게 기여하고 있다. 개통한 이 열차에 북한에서 온 선수들과 응원단, 악단원들이 한국의 최고급 열차를 타보았으니 국가적인 홍보로는 큰 성과를 얻은 셈이다.

남과 북은 한민족이지만 사상적으로 서로 달라 대치 상태의 적국(敵國) 관계이다. 1950년 이래 분단의 아픔을 지니고 이산가족의 쓰라린 고통과 슬픔을 지니고 있는 세계 유일무이한 분단 국가이다.

우리나라는 역대 대통령이 존경을 받는 것보다 국민들로부터 지탄의 화살을 받는 수치스러운 사연을 안고 있다. 지금도 박근혜 대통령이 구속 수감 상태에서 국민의 눈살이 요동치고 있다.

국민들은 정치와는 둔한 감정을 보인다. 산업 분야에서는 수출이 성장세를 보이고 있다고 방송에서는 힘주어 보도하고 있다. 외국에서 보기는 늘 국회의원들이 싸움질하는 나라로 보는데 어찌하여 수출력은 증가하는가 하고 놀라지 않을 수 없다. 전 국민이 각자의 분야에서 열심히 일하면 운반선은 목적지를 향하여 잘 항해하고 있을 것이다.

내 비록 늙은 나이에 일하고 있지만 혹자는 쉴 나이에 무슨 일을 하느냐고 한다. 하지만 늙을수록 체력관리도 하고 정신적으로 늘어지면 치매의 침입으로 인생의 종말이 곤고해지니까 정신적으로 육체적으로 책임과 의무라고 하는 일을 해야 한다고 본다. 시간이 남아돌아 유흥가를 선회하고 주색잡기로 여가활동을 한다면 인생 삼모작의 시기를 망치는 꼴이 되고 만다. 정신적으로 육체적으로 능력이 된다면 얼마든지 활동하여 가계에도 도움이 되고 개인 생활에도 윤택한 모습을 자식들에게 보이면 그것 역시 행복한 인생 중의 하나라고 본다.

설날은 자손들과 같이 차례상을 같이 하고 조상의 음덕과 효행의 실천을 실행하면서 덕담을 주고 새해의 비전으로 새 출발의 의미를 보여주는 계기를 가지면 족하다.

예전에는 친인척 간의 세배(歲拜)를 하고 안부도 교환하면서 친목을 다지지만 생활풍습이 서구화되면서 개인주의가 농후하여 각자의 생활에 주력을 한다. 이런 상태로 10년 후의 모습은 어떨까 하는 우려가 앞선다.

설날 동요가 흘러나온다.

까치 까치 설날은 어저께고요
우리 우리 설날은 오늘이래요
곱고 고운 댕기도 내가 드리고
새로 사 온 신발도 내가 신어요

우리 언니 저고리 노랑 저고리
우리 동생 저고리 색동 저고리
아버지와 어머니 호사 내시고

우리들의 절 받기 좋아하셔요

우리 집 뒤뜰에는 널을 놓고서
상 들이고 잣 까고 호두 까면서
언니하고 정답게 널을 뛰고
나는 나는 정말로 참말 좋아요

무서웠던 아버지 순해지시고
우리 우리 내 동생 울지 않아요
이 집 저 집 윷놀이 널뛰는 소리
나는 나는 설날이 참말 좋아요

평창에서는 하루 종일 각종 경기가 진행되고, 모든 방송이 집중적으로 중계하고 있다. 설 연휴로 인하여 경기장에는 빈자리가 없이 꽉 차 있다. 경기마다 우리나라 선수들의 우수한 성적에 국민들은 환호성으로 더욱 힘을 실어준다. 설 연휴 기간을 사이에 둔 올림픽 경기 일정은 성공적이다. 체육 행사 같은 경우 국민들의 절대적인 환영이 넘칠 때 경기는 활기를 더하게 되어 성공할 수 있다.

(2018. 11. 10)

평화를 사랑하는 사람들

역사적으로 탈무드 원전은 하브루타(chavrrut)의 교과서로, 질문이 중심인 유대인의 토론(討論) 교육의 핵심 교재다. 탈무드 원전 연구가, 하브루타 교육 전문가가 기술한 내용 중에 마음에 와닿는 부분을 기억하고 싶다.

> 평화를 사랑하는 탈무드에서는 사이가 안 좋은 친구에게 호의를 베풀 기회가 생기거든 반드시 도우라고 말해요. 유대인들은 평화를 사랑하는 지혜로운 민족이거든요.

짧은 문장이지만 반복해서 읽어 보아도 지루하거나 싫증이 나지 않는 내용이다.

세상을 여러 해 살다 보면 내 마음에 쏙 드는 사람이 몇이나 있을까? 생각해 보면 두 손가락을 접어보면 접어지지 않고 그냥 망설여지고 고개를 갸우뚱 수없이 해도 그냥 그렇다고 생각을 접는다.

과거 훌륭한 선비들을 보면 뜻을 같이하기 위하여 혈맹(血盟)하는 경우가 있다. 그들은 하나의 이념과 목적을 위하여 가족과 혈족을 뒤로하고 큰 뜻을 달성하기 위하여 동지가 되어 그 사람들의 업적이후세에 길이 보존되어 존경을 받는다. 그러나 서양문화가 들어와서 우리 민족의 정통성이 무너지면서 민족혼이 기울어지는 현실에서는 우정(友情)과 이웃에게 호의를 베풀고 사랑으로 맺어 보려는 사람들이 보기 힘든 실정이다.

2018년에 들어서면서 우리 사회는 이해보다는 오해(誤解)스러운 일들이 연일 발생하여 뉴스를 보면 놀라울 때가 많다. 업무의 동행자들이 비밀 같은 내용을 지키지 못하고 만천하에 공개한다든가, 동행해 오던 길에서 사소한 감정으로 도중하차 하면서 갑(甲)질을 당한 것처럼 결백을 주장하는 경우도 보게 되는데 관계를 사랑하는 지혜로운 인격이 아닌 듯하다.

만인의 저주를 받는 한 주군(主君)을 상장으로 모시고 받들어 동행자의 역할을 했다면 주종관계는 분명하다. 그리고 주군으로 추종했다면 사상과 이념이 상통하고 그 이념을 바탕으로 하나의 목적을 달성하기 위한 동행의 기간의 비밀 같은 업무는 무덤까지 가지고 가는 것만이 의리를 지키는 관계일 것이다. 과거 동행 기간의 생활 내용을 지키지 못하고 일종의 폭로를 한다는 것은 동행자에 대한 반감의 전부로 본다. 사소한 개인의 어긋난 감정이 크게 반감을 억제 못 하고 동반 자폭의 결말을 초래한 것으로 본다.

자폭하기 전에 대화를 통하여 어긋난 감정의 해답을 찾기 위해 노력했다면 만인들의 눈살을 피할 수 있었을 것인데…. 한민족의 애국애족의 정신은 자타가 인정하는 민족혼인데 지금의 나라 현실은 아쉬움만을 자처한다.

우리 사회의 오늘은 평화를 사랑하는 지혜로운 민족인 유대 민족을 외면하거나 그들로부터 비웃음거리가 된 꼴이라고 생각한다.

(2018. 10. 15)

진혼곡(鎭魂曲) 유감(遺憾)

진혼곡 트럼펫 연주가 잔잔하게 들려 온다. 듣는 순간 가슴이 울컥하고 눈에서 눈물이 주르르 흐른다. 감정이 예민해졌다.

오늘이 6월 6일 현충일(顯忠日)이다. 10시 정각이면 어느 곳에서나 묵념 사이렌이 울린다. TV나 라디오에서 동시에 울려오는 묵념의 신호이다.

1956년 4월 25일에 공포된 '현충기념일'이다. 나라와 국민을 위하여 몸 바쳐 희생된 우리 국군과 아군의 전사자 수는 약 15만 명 정도로 추산된다. 53년 전 6·25전쟁으로 전사한 수많은 선영들과 나라와 국민의 안전을 위하여 희생된 젊은 청장년들의 넋을 추모하는 날이다.

두 형들은 6·25전쟁에 참여하여 참전 용사의 명예로운 충혼묘역에 안장되어 국가에 이바지한 삶의 가치를 남긴 애국자이다. 나는 휴전 상태인 1963년에 군에 입대하여 국방의 의무를 마쳤지만 참전 용사는 아니다.

얼마 전까지만 해도 슬픈 영화를 보아도, 어느 가정에서 애달픈 사연으로 가족이 통곡을 해도 그 모습을 보고 있는 나의 가슴은 무덤덤한 느낌으로 나 자신이 감정이 없는 무생물 같은 존재인가? 하고 나 자신에 대한 의아한 생각을 하였다.

내 평생 슬픈 사연은 딱 두 번 있었다.

사회 초년생 시절 아버지가 일찍 돌아가셨다. 내 생에 처음 당하는 일이라서 두 팔과 두 다리를 잃고 정신 이상자적인 감정으로 세상에서 제일 불행한 사람으로 생각하고 영유아적인 판단으로 그렇게 많이 울었나 보다.

태양이 작열하는 5월 마지막 주 약 8km 거리에 장지가 있어서 도보로 상여를 이동하는 장례 절차였다. 가다가 마을 앞을 지날 때면 잠시 쉬어 조문객을 맞이하기도 하고 상여를 메는 사람들의 노고에 잠시 쉬어 휴식을 취하기도 했다. 그러면서 노제(路祭)를 올리는데 아버지가 살아생전에 많은 덕을 쌓아온 공덕에 많은 조문객들이 상여 뒤를 놓지 않고 슬픔을 같이했다. 농촌에서는 바쁜 농번기인데도 조문객들의 애도하는 모습은 크게 감동적이었다.

그로부터 26년이 지난 후 어머니가 돌아가셨다. 어머니는 눈만 감고 잠자는 모습일 뿐 돌아가셨다는 실감을 못 느꼈다. 누님들과 같이 어머니의 손을 만져 보아도 온기가 남아 있는 듯하고 얼굴 표정 역시 평소와 같은지라 운명하셨다고 보기에는 의아심이다. 어머니가 돌아가심은 틀림없다고 생각하니 숨이 멈출 지경으로 울음이 복받쳐 오른다.

막내로 태어나 애잔한 환경에서 나를 양육하시느라고 얼마나 고생을 하셨을까 생각하면 너무나 가슴 아파 울음도 나오지 않는다.

내가 어머니를 위하여 할 일이라면 울지 말고 어머니가 가실 곳의 정지작업을 잘해야지 하고 일꾼과 땅을 고르고 관(棺)이 들어갈 곳의 방향과 높낮이를 맞추면서 새집을 지어 드리는 마음으로 열심히 하였다. 하나 그곳에 모시고 보니 자식의 도리로 할 수 있는 일은 너무 아쉬웠다.

내 나이 60대인데 고아라는 압박감에 밤에는 외로움과 그리움이 수면을 못 하게 한다.

구약성경 창세기 2장 24절에 보면 "남자는 아버지와 어머니를 떠나 아내와 결합하여 둘이 한 몸이 된다"라고 쓰여 있는데 내 나이에 맞게 부모를 떠나서 하나의 가정을 이루고 사회에 공헌하는 사람으로 나 자신의 독립정신을 챙겨야 함을 자각하고 마음을 다져 각성해야 한다고 다짐한다.

인생이란 사는 동안 좋은 일 많이 하고 열심히 일해서 배곯지 않고 후손들에게 아픈 역사를 만들지 말아야지 하고 다짐해본다.

진혼곡을 들으면서 돌아가신 부모님과 두 형과 두 누님의 생전 모습이 나를 잠시 침묵하게 한다.

(2018. 10. 20)

개방 화장실

서울 거리를 다니다 보면 건물 기둥에 개방 화장실이란 작은 표시판이 붙어 있다. 사실 먹는 음식도 중요하지만 신체적인 자연 현상인 배출 문화도 중요하다. 선견지명이 있어서인지 건물 입구에 화장실 표시판을 부착한 것은 참으로 잘한 일이다.

지금으로부터 20여 년 전에 강원도 강릉에서 단오축제를 한다기에 구경하기 위하여 친구와 같이 나들이를 한 일이 있다. 행사는 전통적으로 짜임새 있게 잘 진행을 하고 있었다. 행사장은 둔치에 설치하여 주거지와는 떨어진 곳이라서 복잡하지는 아니하여 구경하는 곳은 별다른 문제를 못 느꼈는데 갑자기 화장실에 갈 일이 생겨서 진행자에게 문의해 보니 가까운 곳에 없다고 하며 시장 쪽으로 가야만이 쉽게 사용할 수 있다고 한다.

하는 수 없이 시장 쪽을 찾아 가 보니 화장실이 안 보여 물어보니 주택 쪽으로 찾아보라 해서 다시 이동하여 찾으니 화장실 문에 열쇠가 채워져 있다. 참으로 난감한 순간이다. 시간이 걸려서 해결은 했지만 만일 요실금이나 전립선의 문제로 급한 경우라면 어떤 불상사가 생겼을까? 참으로 황당한 사건의 일보 전 일이다.

1980년대에 뉴욕에서 있던 일이 또 생각이 난다. 시내에서 볼 일을 마치고 오는데 갑자기 소변이 급하게 나오려고 해서 화장실을 찾으니 안 보여 두리번거리다가 성당이 보여서 들어갔다. 그러나 출입문이 닫혀 있고 아무도 안 보여서 돌아서 나와 다른 방법이 없어서 식당에 들어가 물어서 사용한 적이 있다.

지금의 서울에서는 스마트폰에서 개방 화장실을 검색하면 쉽게 찾아진다. 그리고 우리나라 화장실은 너무나 깨끗하게 관리해서 외국의 어느 나라보다 아주 우수하다. 특히 고궁이나 문화재가 있는 화장실에는 좌변기 위에 깨끗한 위생 종이가 놓여서 사용하고 버리도록 위생적인 배려가 잘 되어있다.

제주도에 가면 우리나라의 50년대 시골에서 사용했던 배설물이 쌓여 보이고, 심지어 그 아래에서 돼지가 그것을 받아먹는 화장실이 있었다. 지금은 변기가 비데로 장치를 해서 물로 세척하도록 된 곳도 있으며 두루마리 화장지를 비치해놓은 것이 일반적이다.

시골집에서 보면 화장실은 별채에 따로 마련된 것을 쉽게 볼 수 있었는데 지금은 아파트 생활을 하면서 실내에 설치하여 집 밖으로 나갈 일이 없다.

건물이나 사무실 같은 곳에서 지나는 사람 중에 화장실 사용을 요구하는 경우가 종종 있는데 처음에는 화장실 사용을 간절한 표정과 언어로 의사 표시를 하는데, 사용을 허락하면 마음 놓고 사용하고 나갈 때는 무표정으로 인사라도 하고 가면 좋으련만 그냥 가는 경우가 다반사다. 그래서 "화장실 갈 때와 나올 때가 다르다"라는 말도 있다.

우리나라는 어디를 가나 화장실 문화가 아주 잘 되어있어서 생활에 불편할 정도의 근심은 하지 않아도 된다.

개방 화장실을 운영하는 개인이나 건물에는 지자체에서 편의용품이나 수도료, 전기료 등을 지원해주고 있다고 하니 행정적인 뒷받침이 깊은 배려로 안심하고 사용할 수 있다.

(2018.. 10. 21)

아리수로 사제(師弟)동행하자

서울시 수돗물은 고종황제 의명에 의해 미국인 콜브란(H. Collbran)과 보스윅(H.R. Bostwick)이 건설한 뚝섬 정수장에서 1908년 9월 1일 처음으로 공급하기 시작한 지 100년을 넘어, 170개 수질검사 항목을 거뜬하게 통과한 안심하고 마실 수 있는 건강한 물이라고 한다.

다른 도시의 수돗물과 차별화하고 서울을 대표하는 안전하고 건강한 물로 다시 태어나고자 2004년 2월부터 서울 수돗물 이름을 '아리수'로 사용하고 있다.

아리수는 고구려 시대 한강을 일컫던 옛 이름으로서 크다는 순우리말 아리와 물을 뜻하는 한자어 水가 결합된 서울 수돗물의 이름이다.

'아리수'에 대한 어원에 대한 해석에 대해서는 여러 가지 설이 있다. 하지만 대체적으로 '아리' 자체에도 물이란 의미가 있으며 수(水) 또한 물, 또는 강이란 의미로서 '동의반복 어구'라고 보고 있다. '아리수'는 고구려시대라기 보다는 삼국시대라고 하는 것이 더욱 적절하다고 볼 수 있다.

일본서기에 기록되어 있는 건 문제가 되지 않는 일로, 일본서기 자체가 백제인이 일본으로 건너가 백제서기를 베껴 쓴 수준의 것이기 때문이다.

일본서기 제작을 주도한 '야스마로'란 인물 또한 백제인으로 알고 있다. 거의 모든 일본서기의 용어는 백제의 것을 그대로 쓴 것으로 파악하면 무난하다. 임나본부설 또한 백제의 역사관이 많이 적용된 것으로 일본에 정착한 백제인이 신라에 대해서 적대적인 감정으로 쓴 것이 전해지는 가정에서 와전된 것으로 보고 있다. 따라서 '아리수'라는 말이 식민사관이라고 보기 어려우며 서울 수돗물 이름으로 사용되는데 적절하며 무난하다고 생각한다.(답변인: 한국어원학회 연구 이사, 경희대 교수 박재양)

우리나라의 초중고교에는 아리수 음수대가 설치되어 학생들은 마음 놓고 언제나 편리하게 식음수로 사용하고 있다. 서울시 수도사업소에서는 아리수 홍보를 위하여 초등학교에서 학생들에게 아리수를 정확한 음수로 인정하기 위하여 비교 및 검증 실험을 실시하여 학생들이 마음 놓고 음수로 사용하면서 주변 모든 사람들에게 좋은 음용수임을 알리도록 전문가 선생이 직접 학생들과 실험을 하고 있다. 물이 우리 몸에 70% 이상을 차지하고 있으므로 아주 가까이 해야 할 필수조건이 된다.

우리 가정에서 사용하는 수돗물도 같은 물이라는 것을 의심할 여지가 없다. 만일 의구심이 생기면 수도사업소에 연락하여 수질검사를 요구하면 즉시 출동하여 현장에서 검사를 실시하여 의구심을 풀어 주고 사용에 안심을 주고 있다.

각 학교에 설치된 음수대는 용역회사가 주기적으로 점검 및 확인하므로 사용하는데 불편한 점이 없다고 한다. 이와 같이 설치된 음수대를 학생들은 무난하게 사용하는데 선생님들은 시판하고 있는 생수를 구입하여 사용하고 있다. 학생을 지도하는 선생님들 자신이 사용하지 않고 있다는 것은 사제동행이 아니다.

우리 몸에 필수적인 것이 음용수이므로 이런 필수적인 물을 차별화한다는 것은 진정한 교육자상으로 볼 수 없다. 손쉽게 지켜지고 보여줄 수 있는 것부터 실행을 해서 학생지도에 솔선수범해야 한다고 본다.

시대적인 교육환경에 따라 사제동행을 하는 마음 자세로 학생들에게 생활의 참모습을 보이는 것이 참 교육이다.

뚝도아리수정수센터

뚝도수원지 일부는 고도정수처리 시설을 완비한 뚝도아리수정수센터로 변화하여 지금도 24시간 수돗물을 생산·공급하고 있으며, 일부는 수도박물관으로 조성되어 체험학습의 장으로 이용되고 있다.

(2018. 9. 12)

4

몽돌 이야기

1인 가구(家口) 증가

최근 너나 할 것 없이 걱정하는 자녀 결혼 문제는 새로 생긴 고민거리로 행복을 좀먹고 있다.

우리나라 평균 수명을 보면 남자보다 여자가 더 오래 살기 때문에 1인 가구가 증가세를 보이고 있다. 우선 가정과 가구 그리고 가족에 대하여 그 의미를 확인해보자.

• 가족(家族)

주로 부부를 중심으로 한, 친족 관계에 있는 사람들의 집단 또는 그 구성원 혼인, 혈연, 입양 등으로 이루어진다.

• 가정(家庭)

1. 한 가족이 생활하는 집.
2. 가까운 혈연관계에 있는 사람들의 생활 공동체.

예) 결혼하여 한 가정을 이루다.

• 가구(家口)

1. 〈법률〉 현실적으로 주거 및 생계를 같이하는 사람의 집단.

예) 농사를 짓는 가구가 해마다 줄고 있다.

예) 우리 마을에서는 가구당 돼지 두 마리를 키우고 있다.

2. 〈법률〉 (수량을 나타내는 말 뒤에 쓰여) 현실적으로 주거 및 생계를 같이하는 사람의 집단을 세는 단위.

이와 같이 결혼을 하여 부부 중심으로 탄생하는 것이 가족이며 그로 인하여 남편의 부모와 형제 그리고 처가의 부모와 형제자매가 자연적으로 이루어지게 되어 부부 중심으로 이루는 것이 가정이고, 결혼하여 자연적으로 이루어지는 관계에서 같이 살게 되므로 형성되는 하나의 집단 형태를 가구라고 볼 수 있다.

통계청 자료를 보면 1인 가구 구성비가 급속하게 증가하는데 현실적으로 보면 가정을 이루어야 하는데 먼저 일정한 직업이 있어야 하고 거주할 집이 있어야 하며 자연적으로 자녀가 생기게 되는데 자녀 육아 문제부터 걱정을 해야 한다.

결혼을 했다고 할 때 부부가 맞벌이로 직장을 가지게 되며 그로 인하여 자녀 문제가 수반되는데 자녀 양육을 누군가가 맡아주어야 한다. 그리고 적어도 초등학생 시절까지는 보모(保姆)가 있어야만이 부부 직장을 유지할 수 있다. 이런저런 핑곗거리로 젊은이들이 결혼을 기피하고 독신을 고집하고 있다.

통계청의 22일 발표에 의하면, 10년 안에 전국 모든 지역에서 1인 가구가 대세가 된다. 가족으로서 함께 거주하는 평균 가구원 수는 2045년에는 2.1명까지 줄어든다는 것이다.

장래 가구 추계는 시, 도편에서 2026년에는 전국 17개 모든 시, 도에서 1인 가구가 1위가 되고, 2045년에는 전국 17개 모든 시, 도에서 1인 가구가 810만 가구(36.3%)에 이를 것으로 전망했다. 2015년 기준으로 전국적으로 가장 주된 가구 유형은 부부+자녀가구(32.3%, 613만 가구)였지만 2045년에는 비중이 15.9%(354만 가구)까지 떨어진다는 것이다. 1인 가구가 늘어나면서 전국 가구의 평균 가구원 수도 2015년 2.53명 수준에서 2045년에는 2.1명까지 줄어든다는 것이다. 통계청은 2045년 평균 가구원 수가 가장 많은 곳은 세종시(2.25명)이고 강원(1.89명)이 가장 적을 것이라고 추산했다.

2015년 현재 배우자가 있는 가구 수는 1212만 가구로 63.8%에 이른다.

통계청은 2045년에는 절반(49.2%) 정도만 배우자가 있는 가구주이고, 미혼 가구주 비중이 24.9%로 늘어날 것으로 분석했다. 특히 전국에서 미혼 가구 비중이 가장 높은 서울은 2015년 23.0%에서 2045년 31.5%로 상승할 것으로 추정했다. 2015년에는 여성 가구주가 29.4%(약 558만 가구)에 그쳤지만 미혼 가구가 늘어나고 남녀 간 기대수명 격차까지 감안 하면 2045년에는 여성 가구 비중이 38.2%(852만 가구)까지 늘어날 것으로 추정했다.

우리나라의 인구정책을 다시 한번 고려해야 한다고 본다. 결혼 정년기의 남녀들이 결혼에 대한 압박감을 제거하기 위하여 결혼 가정에 낮은 임대주택을 공급하고 출생되는 자녀 양육수당을 상향 조정하여 비용부담을 줄여야 한다. 또한 유아원과 유치원을 대폭 증설하고 돌보미 교실을 현실적으로 운영하여 어린이 성장에 자연적인 만족감을 갖게 하여 많은 젊은이들이 결혼하여 가정을 이루고 자녀 양육에서 얻어지는 행복감을 큰 보람으로 갖게 해주는 환경적 조건을 조성해야 할 것이다.

옛 어르신들의 말에 의하면 자식이 출생하면 자기 먹을 것을 가지고 태어나므로 자식이 많다고 걱정을 하지 않는다고 하였다.

시골 마을에 가 보면 젊은이들은 없고 고령 어르신들이 마을을 이루고 농사일도 그분들이 하고 있다. 그래도 다행인 것은 농기계가 있어서 사람의 일을 농기계의 힘으로 해결하니까 다소 힘은 덜 든다고 할 수 있지만 세월이 갈수록 농촌 인구의 감소로 자연적인 소멸 상태가 올 수 있다고 예측해 본다.

긴 안목으로 보면 인구 감소로 인하여 지방자치제도에서 사라지는 소규모 마을이 생길 수 있다는 것을 잊어서는 아니 될 것이다. 특히 농촌에서는 일손이 모자라서 여러 가지로 힘들게 농사를 짓고 있는데 외국 근로자들이 잠정적으로 유입이 되어 지역에 따라서 약간은 도움이 된다고 한다. 앞으로 인구정책과 농촌일손 해결을 위하여 당찬 설계를 하는 것은 참으로 다행한 일이라고 생각한다.

세계 각국에서 이주민과 난민이 급속도로 유입하고 있는 현실인데 날이 갈수록 증가 추세로 이어진다면 전통적인 한민족의 정기(精氣)보다는 다국적 국민으로 형성된 나라가 될 것으로 예측해 본다.

(2018. 8. 25)

인생은 함수관계(函數關係)

내가 살아온 지난 세월을 보면 내 인생의 동행자가 고정되어 있지 않고 기간에 따라 바뀌었다.

나의 동행자를 변수로 설정하고 생각하면 나와 나의 동행자는 함수관계이다. 그래서 함수관계자의 요소를 변수 X로 놓고 나를 Y로 관계를 대응해 본다.

우선 1차 함수를 정의해 본다. X축과 Y축으로 이루어지는 평면을 우리 인생의 영역으로 가정해 보면 누구나 우리 인생의 활동 무대를 쉽게 이해할 수 있다. 즉 X축과 Y축이 직각으로 만나는 원점을 인생의 출발점으로 한다.

출생으로부터 성장하여 중학교 3학년까지는 부모님의 사랑으로 이루어지는 도제(徒弟) 교육기로 볼 때 이 시기는 1차 함수 관계라고 볼 수 있다. 그래서 도표(圖表)상에서 기울기가 1인 1차 함수라고 표현하고 싶다. 그러니까 그 기간은 17년으로 볼 때 기울기가 1인 직선은 X와 Y가 정비례하는 원점을 출발하여 직선을 나타낼 수 있다는 것이다.

그리고 고교 시절은 집을 떠나 도시에서 생활을 하므로 냉정한 사회 속에서 차가운 인심과 경제적 핍박이라는 현실을 극복하고 힘든 시간과 공기를 요소로 성장하는 시기였는데, 긴장된 감정의 생활로 기울기가 1/2인 1차 함수로 정한다면 기울기가 낮은 직선으로 평가를 하고 싶다. 그러다가 대학에 진학하여 객지 생활을 계속 유지하고 보니 능숙한 생활 패턴이 발생하여 청춘으로 활발한 젊은 낭만을 만끽하며 살았다고 생각을 하니 그때는 기울기가 5라고 하는 1차 함수의 직선을 생각하게 된다. 그 시절의 사회생활은 대학생 신분으로 성인 사회에서 학교 수업에 열중하고 학우들과도 자유롭게 친숙하면서 문학에도 관심을 가지며 교수님들과도 친분을 쌓아 비교적 학교 생활은 승승장구한 면모를 볼 수 있었다.

졸업을 앞두고 졸업 1년 전에 군에 입대하여 18개월간의 생활은 자유로운 생활은 완전히 접어두고 군의 명령하에 24시간이 통제되는 생활로 그 시절은 기울기가 0인 셈이다. 그러니까 상수로 29라는 수로 정지된 상태라 X축과 평행선을 만든 셈이다.

군 생활을 마치고 다시 대학에 복학을 하고 졸업하여 찬 바람 가득한 사회로, 그러니까 국가 발령을 받아 중학교에 근무를 하게 되니 사방은 모두가 나를 응시하는 차가운 시선으로 고집스러운 생각이 하루 이틀 사라지고 학생들과 어울려 생활을 하면서 삶의 보람을 찾을 수 있었다. 그렇게 살다 보니 기울기가 크게 상승하여 직선은 하늘 높이 솟아오르고 있었지만 그것은 예상을 못 하는 또 하나의 변곡점을 갖게 되었다.

그 시절 교사의 월급은 한 달 생활비도 못 되게 지급되어 교사의 생활에 변화를 가지게 되어 변곡점을 만들게 되었다. 그러니까 Y축의 수는 0으로 떨어진 셈이다.

Y축은 상승하게 되고 고차함수의 곡선을 그리면서 인생의 참맛을 음미하게 되었다.

나의 인생은 61세를 정점으로 다시 원점에서 시작하는 사면초가의 위치로 Y축과 X축은 원점이 되어 내 인생의 지음(知音) 하나 없는 현실을 직감하게 되었지만 그렇다고 하늘만 보고 탄식할 처지가 못 되어 투잡(2job)과 쓰리잡(3job)을 불사하고 3D 산업도 선별할 여유를 잊은 채 앞으로 달리다 보니 지성이면 감천이라고 하나씩 빛이 보이기 시작하였다.

직장에서 4대 보험을 가입할 수 있는 여건이 되니 은행 업무가 생기고 이웃과도 원활하게 친교가 이루어지며 하나씩 정리하다 보니 다시 1차 함수의 그래프를 만들 수 있었다.

X의 원소는 일할 수 있는 여유와 이에 반하여 글을 쓸 수 있는 여건이 조성되고, 하나씩 정리하고 보니 써 둔 글이 시(詩)와 수필(隨筆)로 인정되어 같은 해에 시인으로 수필가로 등단을 하게 되었다. 하늘이 무너져도 솟아날 구멍이 있다는 말을 믿지는 아니하지만 역시 얼음판 위의 숨구멍처럼 숨은 쉬도록 자연적인 일이 생기는 듯한다.

생활에 경제적으로는 도움은 아니 되어도 문학적인 분야에서 신분 상승의 여건이 된 셈이다.

그동안 그래프는 1차, 2차, 3차 함수의 그래프를 많이 그렸지만 이제는 고차함수의 그래프보다는 1차 함수의 그래프를 힘 있게 그려서 변곡점을 멀리하는 순수한 문학의 영역에서 큰 욕심 버리고 원소의 선택에 신중을 하여 인과응보(因果應報)를 생각하는 덕불고(德不孤) 필유린(必有隣)을 내 생활의 기본 신조로 소박한 삶을 유지하고자 한다.

우리 서민의 생활에서는 고차함수를 생각하지 말고 1차 함수만으로도 충분히 행복을 누리면서 살 수 있다고 본다.

(2017. 11. 2)

제주도 문학 기행

한국문인협회 주관으로 제주도 문학(文學) 기행을 다녀왔다. 이사장 부이사장 및 중견 간부들과 동호회원들이 10월의 맑은 하늘 공기를 안고 함께한 2박 3일간의 문학 기행은 참으로 보람된 시간이었다. 새로 얻은 소감은 다 기록하기에는 많아서 우선 간추려 몇 가지만 기록한다.

한림공원(제주특별자치도 제주시 한림읍 한림로 300)

창업자 송봉규가 1971년 협재리 바닷가의 황무지 모래밭을 사들여 야자수와 관상수를 심어 50년간 가꾼 사설 공원이다. 1981년 공원 내에 매몰되었던 협재동굴의 출구를 뚫고 쌍용동굴을 발굴하여 두 동굴을 연결한 뒤 1983년 10월 공개하였다. 1986년에는 아열대 식물원을 준공하고 1987년 재암민속마을, 1996년 수석 전시관, 1997년 제주석 분재원을 잇달아 개원하였다.

아열대식물원에는 제주도 자생식물과 워싱턴야자, 관엽식물, 종려나무, 키위, 제주감귤, 선인장 등 2천여 종의 아열대식물이 자라고 있다. 제주석분재원에는 기암괴석과 소나무 · 모과나무 등의 분재가 전시되어 있으며, 야외휴양시설 등도 갖추었다.

협재굴은 약 250만 년 전에 한라산 일대 화산이 폭발하면서 생성된 용암동굴로, 황금굴·쌍용굴·소천굴과 함께 용암동굴 지대를 이루어 1971년 9월 30일 천연기념물 제236호로 지정되었다. 이들 동굴에는 용암동굴에는 생기지 않는 석회질 종유석과 석순 등이 자라고 있어 용암동굴과 석회동굴의 특징을 한꺼번에 볼 수 있다.

꽃과 나무들로 가득 찬 녹색의 낙원 공원으로 각광을 받고 있다.

• 1월에는 수선화, 복수초가 인사를 한다.

수선화(水仙花)는 수선화속(Narcissus) 식물의 총칭이다.

대표적인 꽃말은 자존. 자기애가 넘치는 단어들이 꽃말로 정해져 있어 이것들로 알 수 있듯이, 수선화는 자기애를 기반하는 뜻을 가지고 있다.

무함마드의 가르침 중에 이 꽃이 등장하는 것이 유명하다. 그중엔 "두 조각의 빵이 있는 자는 그 한 조각을 수선화와 맞바꿔라. 빵은 몸에 필요하나, 수선화는 마음에 필요하다."라고 가르쳤다고 한다. 이슬람교 같은 경우도 수선화는 아주 중요한 존재라고 하고, 고대 그리스는 수선화로 사원을 장식, 장례용으로도 쓰였다고 한다.

• 2월에는 매화, 목련이 봄소식을 먼저 부른다.

목련(木蓮, 학명: Magnolia kobus)은 목련속의 한 종으로, 대한민국과 일본의 자생종이다. 제주도 한라산의 높이 1,800m의 개미목 부근에서 자생하고 있는데, 대한민국 어느 지역에서도 월동이 가능하다. 물기가 있는 땅을 좋아하고 음지에서는 개화·결실이 불가하며 충분한 햇볕을 받아야 꽃이 잘 핀다. 꽃이 아름다워 『양화소록』(養花小錄)의 화목구등품제(花木九等品第)에서는 7등에 속하였다.

나무에 핀 연꽃이라는 뜻이다. 새하얀 꽃잎이 물에 뜬 모양이 마치 흰 보석 진주를 닮았다 하여 나무 위의 진주를 의미하는 영문명

마가렛(Margaret)과 유사한 이름이 되었다는 설이 있다. 식물학자 피에르 마놀로(Magnol)의 이름을 본떠 만들어졌다. 본래 마놀로의 어원은 '강하다', '강한'이라는 의미의 라틴어 마그누스 magnus 또는 magin에서 유래했다. 꽃눈이 붓을 닮아서 목필(木筆)이라고 하고, 꽃봉오리가 피려고 할 때 끝이 북녘을 향한다고 해서 북향화라고도 한다.

꽃말은 자연애이며, 북향화라는 또 다른 이름은 전설이 뒷받침해주고 있다. 공주가 북쪽에 사는 사나이를 좋아했다는 전설이 있는데, 그 때문에 봉우리가 필 때 끝이 북쪽을 향한다는 의미가 있다.

• 3월에는 왕벚꽃, 유채가 만개한다.

유채(油菜, rapeseed) 또는 평지는 배추과 두해살이풀의 하나이다. 아시아, 유럽, 뉴질랜드 등 세계적으로 널리 재배된다.

줄기는 높이 80~130cm이고, 표면은 매끄러우며 녹색이다. 잎은 피침형이고 끝이 둔하다. 아래쪽 줄기잎은 긴 잎자루를 가지며 잎 가장자리는 깊게 갈라지고, 위쪽 줄기잎은 잎자루가 없으며 줄기를 둘러싸고 그 끝은 가늘다. 서양종의 잎은 두껍고 혁질이며, 표면에 납질물이 있고, 보통 종은 담녹색이고 잎살이 비혁질이며 납질물이 없다. 줄기에는 보통 30~50개의 잎이 붙는다. 꽃은 총상꽃차례로 피며 가지 끝에 달린다. 약 10센티미터 길이의 꽃자루를 가진 홑꽃이 핀다. 꽃잎·꽃받침은 각각 4개 갈라져 있으며 수술 6개, 암술 1개, 4개의 꿀샘으로 이루어져 있다. 꼬투리는 길이 8센티미터 가량의 원통형으로 중앙에는 봉합선이 있으며 완숙하면 봉합선이 갈라져서 종자가 떨어진다.

유채꽃은 밀원식물로서 식용유로 콩기름 다음으로 많이 소비되고 있다. 종자에서 분리한 지방유를 유채기름 또는 채종유(카놀라오일)라 하며, 엔진 윤활유, 바이오디젤, 연고기제 · 유성주사 의 용제 및 식용으로 널리 쓰인다.

노란 유채꽃이 장관을 이룬다.

• 4월에는 산이나 들에 자생(自生)하는 풀로 반추 가축의 조사료로 이용되는 산야초가 피어나고, 꽃말이 사랑의 고백, 매혹, 영원한 애정, 경솔인 튤립이 이색적인 모양이 관심을 모으며 귀족이나 대상인들 사이에서 크게 유행했다.

• 5월에는 부겐빌레아, 병솔이 고개를 든다.

• 6월에는 수국, 철쭉이 피어난다.

꽃의 머리가 부처의 머리를 닮았다 하여 불두화라고 부르기도 하는 수국(水菊)이 자태를 과시한다.

• 7월에는 연꽃, 문주란이 만개한다.

우리나라 천연기념물 19호로 지정되어 있는 문주란은 아름다운 구슬을 간직하고 있는 난이란 뜻으로 꽃이 진 후 맺는 둥근 열매들이 구슬로 표현되었다고 하며, 그윽한 풍미를 간직하고 있다.

• 8월에는 파파야, 하와이무궁화가 그 자태를 보이며 꽃말이 청순함이다.

• 9월에는 꽃무릇, 목서로, 중국에서는 목서(木犀)를 계수(桂樹)라 불렀으며, 달에 심어져 있다고 믿었다. 이 때문에 한국 사람들은 목서와는 다른 계수나무가 달에 심어져 있다고 믿었다. 전설에 따르면 오강(吳剛)이 달나라의 계수나무(여기서는 목서를 말함)를 베는 형벌을 받았는데, 베는 자리마다 새로운 가지가 돋아났다고 한다. 꽃은 9월에 잎겨드랑에서 뭉쳐 달리는데 황백색이다. 향기가 매우 좋으며 짙다. 열매는 타원 모양의 핵과로 꽃 핀 다음 해 10월에 짙은 보라색으로 열린다.

• 10월에는 핑크뮬리, 구절초가 인사한다.

구절초는 땅속의 뿌리줄기를 주변으로 뻗어 나간다. 줄기는 50cm 정도 높이로 곧게 자라며, 뿌리잎과 줄기 밑 부분의 잎은 달걀형으로 밑부분이 반듯하며 깊게 갈라진다. 갈래 조각은 보통 4개로, 가장자리에 미세한 톱니가 있다. 9~10월에 줄기나 가지 끝에 꽃이 한 송이씩 하늘을 향해 핀다. 처음 개화할 때는 약간 어두운 분홍색이지만 점점 흰색으로 변한다.

구절초(九節草)라는 이름은 아홉 번 꺾어진다 하여 붙여졌다는 설도 있고, 음력 9월 9일에 약효가 가장 빼어나다고 전해져 붙여졌다는 설도 있다.

구절초의 꽃말은 순수, 어머니의 사랑, 우아한 자태이다.

• 11월에는 국화, 극락 조화를 볼 수 있다.

개화 형태에 따라 하나의 꽃대에 하나의 꽃을 피우는 스탠더드 국화로 흔히 장례식이나 제례용으로 사용되는 흰색, 노란색이 국내에서는 유통되고 있으며, 하나의 꽃대에 여러 개의 꽃을 피우는 스프레이 국화로 보통 꽃꽂이나 꽃다발용으로 사용되며 시장이나 화원에서 보이는 다양한 색들이 많이 재배되고 있다. 국화는 화색이 아주 다양하고 화형도 가장 흔하게 보이는 홑꽃형을 비롯하여 겹꽃형, 아네모네형, 탁구공 같은 폼폰형, 가늘고 긴 거미줄 모양 같은 스파이더형까지 다양하다. 최근에는 실내 인테리어 용으로 사용되는 분화용(초장이 30cm 미만) 국화들도 많이 선을 보이고 있다.

추위에 아주 강하여 노지에서 월동이 가능한 여러해살이 화초로 낮의 길이가 12시간 이하 상태에서 꽃눈분화가 이루어지는 특징을 가지고 있다.

• 12월에는 동백, 유리오프스를 만나게 된다.

동백나무(冬柏, camellia)는 다 자라면 6~9m 정도가 된다. 10월 초부터 해를 넘겨 4월까지 꽃을 피우고 열매에는 세 쪽의 검은색 씨가 들어있다. 붉은색이나 흰색, 분홍색 꽃이 피기도 한다. 술은 통 모양의 단체 수술이며, 꽃밥은 황색이다. 잎은 윤기나는 단단한 타원형으로 잎 가장자리는 작은 톱니 같이 되어있다. 잎차례는 어긋나기이다.

줄기는 회백색으로 단단하며 가지가 많이 갈라진다.

주로 산지·해안·촌락 부근에서 자라며, 한반도에서는 중부 이남에 분포하고 있다. 동쪽으로는 울릉도, 서쪽으로는 청도까지 올라간다. 육지에서는 충청남도 서천군 서면 마량리의 것이 가장 북쪽이고, 내륙에서는 지리산 산록에 위치한 화엄사 경내에서 자라는 것과 전라북도 고창군 아산면 삼인리의 선운사 경내에서 자라는 것들이 가장 북쪽에 위치한 것이다.

동백은 조매화로 새의 도움으로 수분을 한다. 이 동백나무의 꿀을 먹고 사는 새가 동박새이다. 동백도 꿀이 있기는 하지만 너무 이른 시기에 꽃이 피어 수분에 곤충의 도움을 받지 못한다.

기온이 오르는 2~4월에는 곤충(꿀벌)도 수분 활동에 도움을 준다. 특히, 기후가 따듯한 제주도에서는 2월에도 동박새 외에 꿀벌이 많이 찾아온다.

동백나무는 싹이 틀 때까지 7개월 걸린다.

겨울의 풍미를 간직하고 걸음을 멈추게 한다.

이중섭(李重燮) 미술관(제주특별자치도 서귀포시 이중섭로 27-3)

대향(大鄕) 이중섭(李重燮) 연보

1916년 9월 16일 평양남도 평원군 조운면 송천리 출생.

1956년 9월 6일 서대문 적십자병원 무료병동에서 거식증, 영양부족과 간장염으로 사망, 무연고로 방치되었다가 친구 김이석에 의하여 화장 후 망우리 공동묘지에 안장 후 다음 해 차근호 조각의 묘비가 세워짐.

이중섭은 한국의 국민 화가, 비운의 천재 화가로 널리 알려져 있다.

1937년 일본으로 건너가 분카학원[文化學院] 미술과에 입학하였다. 재학 중 독립전(獨立展)과 자유전(自由展)에 출품하여 신인으로서의 각광을 받았다.

분카학원을 졸업하던 1940년에는 미술창작가협회전(자유전의 개칭)에 출품하여 협회상을 수상하였다. 1943년에도 역시 같은 협회전에서는 태양상(太陽賞)을 수상하였다.

이 무렵 일본인 여성 야마모토[山本方子]와 1945년 원산에서 결혼하여 이 사이에 2남을 두었다. 1946년 원산사범학교에 미술 교사로 봉직하기도 하였다.

북한 땅이 공산 치하가 되자 자유로운 창작 활동에 많은 제한을 받았다. 친구인 시인 구상(具常)의 시집 『응향(凝香)』의 표지화를 그려 두 사람이 같이 공산주의 당국으로부터 비판을 받기도 하였다. 6·25 전쟁이 일어나고, 유엔군이 북진하면서 그는 자유를 찾아 원산을 탈출, 부산을 거쳐 1951년 제주도에 도착하였다. 생활고로 인해 다시, 제주도에서 부산으로 돌아왔다.

이 무렵 부인과 두 아들은 일본 동경으로 건너갔으며, 이중섭은 홀로 남아 부산·통영 등지로 전전하였다. 1953년 일본에 가서 가족들을 만났으나 며칠 만에 다시 귀국하였다. 이후 줄곧 가족과의 재회를 염원하다 1956년 정신 이상과 영양실조로 그의 나이 40세에 적십자병원에서 죽었다.

• 이중섭이 부인에게 보낸 편지글에서.

어디까지나 나는 한국인으로서 한국의 모든 것을 전 세계에 올바르고 당당하게 표현하지 않으면 안 되오. 나는 한국이 낳은 정직한 화공이라오.

이중섭과 절친했던 구상은 이중섭의 창작열을 다음과 같이 전했다.

"중섭은 참으로 놀랍게도 그 참혹 속에서 그림을 그려서 남겼다. 판잣집 골방에서 시루의 콩나물처럼 끼어 살면서도 그렸고, 부두에서 짐을 부리다가 쉬는 참에도 그렸고, 다방 한구석에 웅크리고 앉아서도 그렸고, 대폿집 목로 집판에서도 그렸고, 물감과 붓이 없으니 연필이나 못으로 그렸고, 잘 곳과 먹을 것이 없어도 그렸고, 외로워도 슬퍼도 그렸고 부산, 제주도, 통영, 진주, 대구, 서울 등을 전전하면서도 그저 그리고 또 그렸다."

그가 추구하였던 작품의 소재는 소·닭·어린이[童子]·가족 등이 가장 많다. 불상·풍경 등도 몇 점 전하고 있다. 소재상의 특징은 향토성을 강하게 띠는 요소와 동화적이며 동시에 자전적(自傳的)인 요소이다.

「싸우는 소」·「흰소」(이상 홍익대학교박물관 소장)·「움직이는 흰소」·「소와 어린이」·「황소」(이상 개인 소장)·「투계」(국립현대미술관 소장) 등은 전자의 대표적인 작품이다. 「닭과 가족」·「사내와 아이들」·「길 떠나는 가족」(이상 개인 소장)과 그밖에 수많은 은지화(담뱃갑 속의 은지에다 송곳으로 눌러 그린 일종의 선각화)들은 후자를 대표하는 작품들이다.

제주도 서귀포시 정방동에는 이중섭의 삶과 그의 숨결을 느낄 수 있는 이중섭 거리와 이중섭이 거주했던 초가집과 미술관이 위치해 있다. 이중섭 거리 중간중간 그려져 있는 벽화에서 예술적 감성이 물씬 느껴진다.

(2023. 10. 14)

몽돌이 이야기

1938년 일제(日帝)에 의해 모든 학교의 조선어(朝鮮語) 과목(科目)이 폐지(廢止)되었다.

조선어 연구(硏究)와 발전(發展)을 위한 조선어학회(朝鮮語學會)가 1931년에 창설(創設)하였는데 1943년 조선어학회 회원 33명이 체포(逮捕)되고 우리말 사전편찬(辭典編纂)사업이 중단되었다.

일제(日帝)는 1930년대 중반 이후 더욱 극렬한 식민(植民) 통치(統治)를 펼쳤다.

식민지 동화 정책의 궁극적인 목적은 민족말살(民族抹殺) 정책이었다. 한국인(韓國人)을 일본인화(日本人化)하고 일본과 한국을 하나로 만들어 한국인을 징용(徵用)이나 징병(徵兵) 등 침략전쟁에 효과적으로 동원하겠다는 의도에 따른 것이었다. 이를 위하여 가장 심혈을 기울인 것은 일본어 보급(補給)과 조선어 말살(抹殺)이었다.

1938년 봄 신학기부터 학교에서 조선어 과목을 완전히 폐지(廢止)했다. 우리 국민의 생활은 극도로 심하게 탄압과 고통 속에서 우리 고유의 한국어 사용을 못하게 하고 학교에서 일본어만 사용하기 위하여 교육방법을 개혁하였다.

이런 와중에 부모님은 깊은 생각을 아니하시고 나를 1938년 4월

15일에 생산하셨다. 사회적으로 경제 사정이 곤란한 시기이므로 가정 경제 역시 넉넉지 못한 실정인데 태어난 아들의 양육을 위하여 무척이나 큰 고통을 받으신 것으로 미루어 짐작이 된다.

내가 출생 당시 부모님은 45세 동갑으로, 다른 집보다는 다소 좋은 편이어서 어린 아들 먹이는 떨어지지는 아니했다는 누님으로부터 뒤늦게 들은 것으로 기억된다.

암죽과 곶감 달인 물을 주식으로 먹고 자란 늦둥이 막내라 주변의 사랑을 비교적 많이 받은 것으로 전해 들었다.

나는 초등학교 1학년에 다닌 기억은 해도 그 이전의 기억은 해무(海霧) 속의 산과 들의 모습이다. 내가 초등학교 1학년 마을 선배들의 줄서기 지도로 5km쯤 떨어진 읍내학교에 다닌 기억은 생생하다. 집 안의 놋쇠 그릇과 뒷산의 솔방울은 나의 등교 시간에 지참물이다. 수없이 집안 놋쇠를 가져다 제출하다 보니 남아나는 것이 없다. 그리고 하교 후 뒷동산에 가서 솔방울 따는 일은 매일 숙제로 꼭 지킨 것이다. 이렇게 해서 학교에 가면 교실에 있는 것보다 운동장에서 비행기 공습경보를 잘 지키기 위한 연습이 계속 진행된다.

공습경보 훈련 시 운동장 가에 파놓은 방공호에 들어가는 경우를 빼고는 운동장 주변의 큰 나무 밑에 가서 눈감고 쪼그리고 앉아 있는 것이다. 이러기를 4개월여를 지나는 날 담임선생님이 책을 많이 가져와서 7권씩 주며 집에 가서 많이 읽으라 하고 집으로 가라 한다. 후에 알았지만, 그날이 바로 우리나라가 해방(解放)된 1945년 8월 15일이었다.

집으로 오는 중에 여기저기에서 대한 독립 만세를 외치며 "우리는 해방되었다"라고 두 손을 하늘 높이 들고 흔드는 얼굴에 함박웃음을 그리고 "만세 만세"를 외치고 펄쩍펄쩍 뛰는 시늉을 하며 좋아라 한다.

그 이후 집 가까운 곳에 분교가 생기고 우리 마을 아이들은 분교에서 공부를 하였다. 6학년으로 학교생활에 흥미를 가지고 즐겁게 놀면서 즐기는 중에 그해 6월 25일 북한 김일성 집단이 남침을 하여 갑자기 많은 피난민들이 서울 쪽에서 밀려오고 있었다. 그러더니 바로 뒤따라 이북인민군이라는 병사들이 걸어서 걸어서 지친 모습으로 오는데 마치 나이 어린 병정으로 군인 같지 않아 보였다. 나쁜 적군이라는 생각보다는 이웃집 총각이 군복을 입고 병정놀이하는 것 같은 생각으로 다가가서 말을 해보면 다 알아들어 은연중에 친근감이 들기도 하였다.

이렇게 남으로 밀려드는 피난민들과 이북인민군들의 행렬이 지나가고 석 달쯤 후에 남루한 군복으로 지친 모습을 한 이북인민군들이 오던 길로 북을 향하여 가고 있었다. 그중에는 얼굴을 붕대로 감기도 하고 다리를 꽁꽁 묶어서 다리 하나를 질질 끌고 가는 인민군도 있다. 틀림없이 패잔병들의 퇴각 행렬이다.

소식에 의하면 9월 인천(仁川) 상륙작전(上陸作戰)으로 패잔병들의 퇴각 진로가 막혀 인근 산속으로 숨어들어 남쪽 출신 빨치산들과 합류하여 밤이면 식량 약탈(掠奪)을 하려고 인근 부락으로 무자비(無慈悲)하게 쳐들어와 악랄한 폭행으로 살해하고 약탈하는 행위가 빈번하여 결국에는 빨치산 토벌작전 군부대가 오고 후에는 유엔군도 와서 일망타진(一網打盡)하여 평온을 찾게 되었다.

내가 처음에 입학한 초등학교에서 중학교를 설치하여 3년간 중학교를 즐겁게 다녔다. 학교 가는 중간에 아버지가 마련한 논들이 여기저기 있는데 내가 학교를 마치고 집에 올 때는 벼 심은 논의 물꼬를 꼭 보고 와야 하는 게 아버지의 간곡한 명령 같은 지시사항이었다.

여름방학이 되면 일꾼들이 30여 리 밖의 산에서 베어 놓은 잡풀을 소달구지에 잔뜩 싣고 운반하여야 하는 일도 나는 하였다. 중학생 신분이라 그때는 키도 몸집도 작은 어린이 같았다. 이렇게 중학

3년간 아버지의 농민생활 도제교육(徒弟敎育)을 받은 셈이다. 아버지는 막내인 나를 농민 후계자로 마음먹고 기대하였는데, 나는 중학교를 졸업하고 고등학교를 가려고 서울로 가출(家出)하여 동양공고 야간부에 입학을 하고 낮에는 일하며 돈을 벌기로 하였다.

6·25전쟁이 끝난 것은 아니지만 정전(停戰) 상태라서 비교적 사회 분위기는 생활 전선에서 모두가 열심히 일하고 살아보겠다고 하는 안정된 분위기였다. 서울에서는 마땅한 일할 것을 못 찾고 해서 친구와 같이 부산으로 가자는 의견으로 부산에 가서 역시 야간 학교에 등록하고 부산 제일부두에서 하역(荷役)작업을 하면서 부산 동래온천 부근에 숙소를 정하고 전철을 타고 서면으로 와서 여러 가지 돈을 버는 일을 하였다.

그런 중에도 매일 영어로 일기(日記)를 썼다. 그때 나의 목표는 미국무성 초청 유학(留學)이었다. 중학교에서 영어 선생님이 회화를 잘하여 미군 부대에서 통역(通譯)을 하였고 외사촌 형이 영어를 잘하여 UPI한국통신사에 근무하는 것을 보고 부러워했다.

그 시절 제일 힘든 것은 철로 밑에 침목(枕木)을 제1 부두에서 하역하고 이것을 다시 기차 화물칸에 상차(上車)를 하는 일이었는데, 5명이 한 팀이 되어 일하면 지금 돈으로 치면 5만 원을 받게 되어 힘들어도 도움이 되었다. 그 침목은 수입 목으로 기름 먹은 약 40kg 4각이라 어깨에 메면 무겁고 무척 아픈 힘든 작업이었다. 그래도 목돈을 만지는 데는 그 일이 최고였다. 늦은 가을 작은 체구에 영양실조와 무거운 노동으로 육체적 유지가 어려워 쓰러지고 말았다. 결국 친구의 도움으로 고향집으로 돌아오게 되니 학업의 꿈은 무너진 셈이다.

집에서 집밥 먹으며 부모님 사랑을 충분하게 받으니 두어 달 후에 회복이 되었는데 전주의 영생고등학교에 편입학으로 다시 공부를 부모님 사랑 속에서 하게 되고 공주사범대학에 진학하여 젊음의 꿈을 찾게 되었다.

1964년 대학을 졸업하고 학교에 취직하고 보니 그 당시 월급은 너무나 적어서 한 달을 살기에는 힘겨웠다. 여러 학교로 옮기면서 결국에는 문교부에서 우리나라 초·중·고등학교 수학(數學) 교과서(敎科書) 개편작업을 하게 되었다. 개편의 요지는 집합 개념을 도입하는 것이었다. 대학교 수학과에서 배우는 내용인데 시대의 변화에 따라 도입하게 되었는데 고등학교를 졸업하면 IT 분야의 기초가 되는 컴퓨터 프로그램을 만들 수 있는 정도였다. 지금은 교과서에 없지만 그 당시 교사들에게는 어려움이 많았다. 그러나 오늘의 IT 분야에 얼마나 큰 도움이 되었는지 자타가 공인하는 내용이다.

70년대의 경제계에서는 모든 것이 열악한 상태라 소규모의 직장에 취업하려면 인우보증(隣友保證)을 해야 취업이 가능했다. 그러니까 보증보험(保證保險)제도가 없어서 그런 불편함이 있었다.

생각지도 못한 지인(知人)의 요청에 보증을 하였는데, 15년 후에 지인(知人)의 회사가 망하여 그 회사의 부채인 120억 원이란 큰 액수가 보증인인 나에게 채무(債務)변제로 와서 결국은 나의 이름으로 된 재산(財産)은 모조리 차압(差押)되고 직장도 퇴직(退職)하였다.

그 후 지하 방으로 이사했는데 장마로 하수도가 역류(逆流)하여 내가 사는 집에 침수되어 설상가상으로 또다시 빈털터리가 되었다. 이것이 나의 운명의 전환점이다. 나에게 남은 것은 입은 옷 하나와 육체뿐이다. 돈은 한 푼도 없고 재산은 물론 돈이 될 만한 것은 지푸라기 하나도 없으니 마치 어머니 배 속에서 태어날 때의 나의 빈손 같은 꼴이다. 바람에 날리어 지구 위에 뚝 떨어진 이름 모를 씨앗 하나꼴이다. 그 당시 부모님은 돌아가셨고 형제들은 각기 자기 인생 힘들게 살아서 나의 처지를 알리고 싶지도 아니하였으며 도와준다 해도 무엇을 어떻게 얼마를 도와줘야 할지도 아무런 대책이 없다.

지금부터는 맨발로 뛰어야 한다. 가진 것은 실오라기 하나도 없으며 다행히 건강한 몸 하나뿐이다. 비겁하게 비관하거나 생을 포기하려는 마음은 생각할 여유가 없는 처지이니 못난 생각은 하지 않기로 하였다.

인생 삼모작(三毛作)을 시작하는 시발점이다. 부산에서 고학 시절이 머리를 떠나지 않는다. 무(無)에서 시작하는 마음으로 각오를 다지면서 일할 수 있는 곳을 찾아야 했다. 마침 2006년 채무자(債務者) 파산(破産)신청으로 채무자의 면책(免責)판정을 받아 신용이 회생(回生)되었다.

교육공무원으로 평생 일했지만, 이런 과정을 통하여 사회에서 필요한 상식적(常識的)인 법률을 배우면서 다시 사회의 초년생으로 살게 되었다.

노숙자(露宿者) 신세로 돈이 되는 일이라면 가리지 아니하고 무엇이든지 해야 한다는 정신으로 열심히 노력하였다. 그러나 아무리 돈을 찾아 일한다 해도 정당한 일이 아니면 절대로 해서는 아니 되고 남에게 단 한 푼의 피해가 되는 일은 해서도 아니 된다는 것이 나의 바른 각오였다.

쉽게 구할 수 있는 일자리는 아파트 경비와 건물 관리 그리고 주차관리였다. 하다 보니 김밥집 설거지도 했으며 건강식 판매도 해보니까 우리 사회의 구조상 인심의 흐름을 몸소 느낄 수 있었다.

요양보호사 양성을 시작으로 우리나라 노인복지가 출발하는 시기에 기회로 사회복지사 자격증을 취득하고 즉시 복지사업을 5년여 동안 하였다. 우리나라의 노인 복지 분야에 관심을 가지게 된 계기가 되었다.

이런 일 저런 일 가리지 않고 하면서 감성적(感性的)으로 기억에 남는 내용을 적어두었더니 후일에 수필(隨筆) 부문과 시(詩) 분과에 등단(登壇)되어 문학의 작가가 되었다.

그렇다, 사람이 죽어서 묘비(墓碑)에 달랑 이름 석 자만 적어놓는 것보다는 시인(詩人)과 수필가(隨筆家)라는 단어를 앞에 적어놓으면 기억에 남겠지, 그리고 작품집을 만들어 놓으면 영원히 남아 있겠다는 기대감이 나에게 힘을 주었다.

대둔산 자락에서 작은 씨앗 하나 떨어져 싹이 나고 잎이 자라 바람에 흩날려 전국을 쏘다니면서 세상을 보는 눈이 밝아지고 각 지방마다 사람들이 하는 말이 귀에도 청명하게 잘 들려 우리 국민의 순수성을 다시 알게 되었다.

나의 고생은 호사(好事)였다고 생각한다. 건강만을 챙기면서 부모님으로부터 눈여겨 배운 이웃 돕기 정신으로 힘들고 어려워도 욕심부리지 않고 이웃을 먼저 배려할 수 있는 마음 자세로 한국문인협회 회원으로 그리고 강남문인협회 회원임을 재인식하고, 사단법인 강남시사랑장미회를 창립하여 문학 지망생의 기초이론과 작품지도에 전념하고 있다.

글 쓰고 작품 읽는 가난한 86세의 노인 신분으로 유산(遺産)은 재산(財産)이 하나도 없어도 문학(文學)작가(作家)라는 명예를 곱게 남기고 싶은 마음이 밀물과 썰물에 밀리고 부딪쳐 모서리는 차츰차츰 마모되어 둥글둥글한 모습으로 바닷가에서 쉽게 볼 수 있는 몽돌이 같은 모양으로 남고 싶은 마음이 간절하다.

'구르는 돌은 이끼가 끼지 않는다(A rolling stone gathers no moss).'라 했던가?

어려운 수학을 전공했으니 이보다 더 어려운 일이 어디 있을까. 남보다 많은 시간을 사용하기 위하여 잠을 덜 자면서 독서를 배 이상하고 습작을 계속하다 보니 마음에 드는 시가 써지며 수필도 여유 있게 써서 또 하나의 길을 찾아가고 있다. 다른 사람들은 하루에 10리를 가면 나는 하루에 100리를 간다는 각오로 정신적으로 육체적으로 다져진 신념을 일상으로 살고 있다.

그런 생활이 자연스럽게 유지되니까 만사가 형통하더이다.

(2021. 3. 15)

복(伏)날인데 복(福) 먹으러 간다

"친구야 오늘 복날인데 복 먹으러 가세나."

평소에 가까이 지내는 고등학교 동창생인 동갑네가 전화를 했다.

오늘이 중복(中伏)인 22일인데 초복(初伏)에도 유원지에 가서 오리 백숙을 먹었는데 중복(中伏)에도 몸에 좋은 보양(保養)식을 하자는 것이다.

어제오늘이 아니라 요즘 날씨가 30도를 오르내리니 어린이나 노인들에게는 힘든 하루가 된다.

가끔 일상적인 내용과 문학적(文學的)인 대화를 나누는 젊은 지인(知人)이 아침 일찍 전화가 와 만나기를 원하여 쾌히 응하고 약속 장소에 나갔다가 복날이라 해서 같이 닭 곰탕집에서 푸짐하게 식사를 한 후라 대답에 어색한 마음으로 오늘은 혼자 식사하고 다음 날 만나기로 하고 보니 미안한 생각이 앞서서 다음에는 내가 먼저 전화를 해야지 하고 내 마음을 달래보았다.

나와 그 친구는 시골에서 농부(農夫)의 자식으로 일제 강점기(日帝强占期)에 태어나서 성장기는 완전히 시골 무지렁이 소년의 모습이 완연했다. 초등(국민학교)학생 시절 그러니까 일 학년의 교육은 일본인 교사가 담임선생으로 지도를 하여 일본식 교육의 잡생각이 생생하게 남아있어서 가끔 일 학년 학교생활의 힘들고 어렵던 기억이 난다.

그 시절의 시골 생활은 곤고(困苦)하여 어느 누구나 식생활에 전 가족이 바쁘게 하루하루를 산 셈이다. 그러니 복날이라 해서 몸보신을 위하여 몸에 좋은 특식을 한다는 것 자체가 호화스러운 생각인데, 마을마다 크고 작은 모임을 통하여 별식(別食)을 하자고 손쉽게 얻을 수 있는 것이 누렁이 토종 멍멍이뿐이었다.

어느 집이나 토종 멍멍이를 한두 마리는 기르고 있으니 마을 사람들의 멍멍이에 대한 마음은 넉넉한 편이다.

그래서 가격을 논하기에 앞서서 마을에서 잘 길러진 것을 택하여 도살(屠殺)하게 되는데 보양식품으로는 가장 좋은 먹거리로 손꼽는 식자재이기도 하다.

그 시절에는 멍멍이를 애완견(愛玩犬)이나 반려견(伴侶犬)이란 이름을 붙여서 부르거나 기르는 사람은 어디에도 없었다. 그리고 마을에서 기르는 멍멍이는 오늘날 기르는 애완견처럼 작고 귀엽고 앙징스러운 사랑과 재롱을 부리는 그런 종류가 아니고 덩치도 크고 먹이도 잡종으로 크게 성장하여 토실토실해서 무게도 많이 나가는 정도로 한 마리를 잡아놓으면 웬만한 마을이면 큰 잔치를 할 수 있는 물량이 된다.

마을마다 인근 냇가나 그늘진 정자나무 밑에 멍석을 깔고 가마솥을 걸고 어른들도 어린이들도 다 모여 천렵 잔치를 시작하는 것이 잠시나마 삼복더위를 피하고 노동력을 재충전하는 마음으로 모두가 합심하여 마을 잔치 비슷한 하루를 보내는 것이다.

김삿갓

김삿갓(본명 김병연)의 시 중에서 '천렵(川獵)'이 생각이 난다.

작은 시냇가에
솥뚜껑을 돌에다 걸어 놓고

흰 가루와 맑은 기름으로
진달래꽃 전을 부쳐

젓가락으로 집어 먹으니
꽃향기가 입속에 가득하고

한 해의 봄기운이
뱃속으로 전해 오네

사실 내용물은 다르나 마을 사람들이 삼삼오오 모여서 더위를 식히는 천렵은 작은 잔치 같은 놀이라 할 수 있다.

『본초강목』이나 『동의보감』에서는 개고기의 효능을 다음과 같이 해설하였다. 구육(狗肉)은 성질이 온(溫) 하며, 맛은 좀 짜고 신맛을 띠며, 오장(五臟)을 편안하게 하고, 몸을 가볍게 하며, 위장(胃腸)을 튼튼하게 하고, 골수(骨髓)를 충족시키며, 허리와 무릎을 건실하게 하고, 양기(陽氣)를 돋우며, 기력(氣力)을 건실케 하고, 혈맥(血脈)을 보하며, 오로(五勞: 五臟의 虛勞) 칠상(七傷: 7가지 虛勞의 病)을 다스린다고 기술하였다.

사실 1980년대 이전까지의 한국에서는 쇠고기나 돼지고기, 닭고기보다 자주 먹었던 대중적인 식재료였다. 물론 육류(肉類) 중에서 상대적으로 가장 소비가 많았다는 것이 지금의 치킨 마냥 흔하게 접할 수 있는 음식은 아니었다.

애초에 고기가 귀하니 육류를 자주 섭취하지 못했고, 역설적으로 그렇기 때문에 개고기 섭식(攝食)이 육식 한정으로는 주류 식문화로 자리 잡은 것이었다. 그래서 예로부터 복날에 먹는 보양식 및 약재(藥材)로서 많이 활용되었고 지금도 그러한 인식이 남아 있다.

지금으로부터 10여 년 전만 해도 서울의 태릉 골 고개 넘어 산골 마을에 가면 보신탕집이 모여 있어서 여름이면 삼삼오오 무리지어 보신(補身)을 하기 위하여 가는 곳으로 그곳에서는 주된 메뉴가 바로 멍멍이 보신인 것이다.

우리나라의 예전 풍습이 서구(西歐) 문명(文明)의 전파로 의식주(衣食住)가 크게 변해가는 충돌적 시기인지라 구시대(舊時代)와 신시대(新時代)의 생활문화에 따른 생각의 정도가 크게 차이가 생겨서 가족 간이나 사회적인 틈새에도 엇갈린 평가로 대화(對話)가 충돌하는 경우를 우리 주변에서 쉽게 볼 수 있다.

프랑스에서도 1692년부터 3년여간 지속된 이상기온 때 수많은 이들이 개고기를 먹었다는 기록이 나온다. 당시 파리 푸줏간에는 개고기를 구입하려는 사람들로 인산인해(人山人海)를 이루었다고 한다.

개장은 개를 삶아, 파, 고춧가루, 생강 등을 넣고 푹 끓인 것으로, 매운 개장을 땀을 내며 먹으면 더위를 물리치고 허(虛)한 기(氣)를 보한다고 한다.

최근 TV에서 자주 볼 수 있는 동물(動物)의 왕국(王國)을 보면 약육강식(弱肉强食)과 먹이 사슬의 주된 내용으로 전개되는데, 우주 창조에서 만물이 소생될 때 저마다 생명력을 가지고 태어나지만 결국에는 먹이사슬로 생을 마감하는 것이 생명의 윤환(輪環)이기도 하다. 에덴동산에서 선악과(善惡果) 자체도 결국에는 인간의 먹이가 되었고 아주 작은 존재로 살아가는 곤충(昆蟲)들이 지금에 와서는 인간의 특식(特食)으로 변하고 있는 양상이다.

오늘의 복날 음식은 닭과 오리 같은 종류로 선호하는 기호(嗜好)식품이 되었다고 본다.

우리가 기르는 가축(家畜)으로 여러 종(種)이 있는데, 나라와 풍습(風習)에 따라 노동력(勞動力)의 이용물로 기르기도 하고 애완용(愛玩用)이나 반려용(伴侶用)으로 또는 식용(食用)으로 기르는 경우가 있다. 국가(國家)와 민족(民族)의 종교적(宗教的) 차원에서 본다면 절대적인 평가는 소유자(所有者)만의 권한으로 보아야 한다고 말하고 싶다.

비근한 예로 농촌에서는 농사를 하기 위하여 소를 기르고 농사철에는 절대적인 노동력으로 활용하는 데 결국에는 그 소가 자연사도 아니고 도살장으로 팔려가서 결국 인간의 밥상에 올라 귀한 식품으로 대접 받는다.

인간은 만물의 영장(靈長)이니 모든 생물들은 인간을 위하여 존재하고 인간에 의하여 선택이 되기도 하고 저주(詛呪)의 대상으로 멸시도 되고 환경(環境)과 문화(文化)의 변화에 따라 존재가치도 변하게 된다고 보고 싶다.

지금은 애완견을 반려견으로 기르는 사람들이 많아서 동물 사랑의 차원이 급변하여 애완견 병원까지 생겨서 하나의 문화적 차원에서 개의 위상을 격상해서 식용은 미개인적 발상으로 시대적 인식이 급변하고 있다.

보신으로는 최고라 해서 많은 사람들의 기호식품으로 선호했던 것이 불과 몇 년 전의 일상이었는데 지금은 생각조차 할 수 없는 반려견으로 격상되었다.

우리 민족의 전통적(傳統的)인 생활습성이 쉽게 지워지지 않을지라도 4차(次)산업혁명(産業革命) 시대로의 진입에 걸림돌은 아니 될 것으로 사료(思料)하는 바이다.

개고기 금지령이 통과된 것(2023년)까지는 좋았는데…. 왜 그게 3년 뒤에 실행되는 거야? 이런 건 바로 바로 실행해야 하는 거 아니야?

(2020. 12. 5)

행복한 집시(gypsy)의 행렬

1970년대에는 우리나라가 사회적으로나 경제적으로 크게 발전된 모습은 아니어도 국민들이 살아가는 데는 큰 고통을 모르고 살았다. 그 시절에는 면사무소 사환으로 취직을 하려 해도 인우보증(隣友保證)을 세워야 서류상 통과가 되었다. 그래서 가까운 이웃들이 인우보증을 부탁하는 일이 빈번했다.

옛말에 보증 서주는 아들은 두지도 말라 했는데…. 그래도 친인척이나 친교하는 벗님네가 부탁하면 거절 못하는 경우가 있다. 이것이 '사회 인심이 아닌가'라고 말하고 싶다.

내가 공무원으로 재직하고 있으니 나를 찾아오기는 어렵지 않았지만 친교하는 벗님이 자주 찾아와서 정담을 나누는 데는 아쉬움이 없었다.

그 무렵 한 친구가 찾아와서 아무 말 하지 말고 자기 사업에 보증인이 필요하다고 부탁해서 기다렸다는 듯이 무심코 보증서류에 보증인 도장을 찍어주었다. 그 시절은 나나 친구는 잘못될 것이라고는 상상도 하지 않고 화기애애하게 대화만 부담 없이 나누고 다음을 약속이나 한 듯 헤어지곤 하는 것이 통상적인 친구 사이였다.

우정이란 서로가 도움이 될 때 진가를 갖게 된다고 생각한다. 선배님들이 말하는 붕우유신(朋友有信)이 그런 것이 아닌가?

1997년 11월 21일 우리나라 정부의 IMF 부도 발표로 인하여 우리나라의 경제는 극도로 위기에 놓이게 되었다.

IMF 사태는 대기업의 방만한 경영과 정경유착 등 불합리한 경제 관행, 고성장시대가 남긴 각종 경제 비효율 등이 쌓여서 산업경쟁력이 약화된 것이 원인이었고, 한편으로는 정부 차원에서 외환보유 관리에 실패한 것 등이 겹쳐서 일어났다는 것이다.

1998년 2월 24일 제14대 김영삼 대통령이 퇴임하고 그다음 날 25일은 제15대 김대중 대통령이 새 대통령으로 취임하였다.

우리나라 경제는 위기로 치닫고 있는데, 이때 나에게 날벼락 같은 통지서가 날아왔다. 채무보증금 상환이란 것인데 상환액이 자그마치 120억 원이다.

그 내용을 확인해보니 1970년대에 친구 사업에 보증을 서준 내용인 것이다. 원양사업을 하는 지인의 배가 바다 속으로 침몰하여 일시에 부도 처리되고 그대로 파산되어 가정은 풍비박산으로 최악의 결과를 발생시키고 결국에는 보증인에게 그 채무금 상환을 요구한 것이다.

나의 직장에서는 월급에 차압이 붙었다고 수군대는 직원들의 분위기가 냉소적이었다.

말로 표현 못 할 창피한 꼴이다. 물론 집에도 압류딱지가 빨갛게 붙어 있었다. 날아든 압류통지서는 일시에 나의 오감을 멈추게 했다.

IMF 발생 이후 첫 케이스로 주변에 이런 일이 없었으니 나로선 대처 방법도 모르고, 채권단의 지나친 폭행을 전 가족이 감수해야 할 피하지 못할 역경에 처하게 된 것이다. 내가 써보지도 못한 경제적 손실은 나의 영육을 송두리째 잃은 꼴이 되어 버렸다. 결과적으로 나의 소유로 된 모든 경제적 물건은 모두가 압류되었고 살던 아파트도 그대로 압류되어 겨우 지하 방 한 칸으로 몸만 이사를 할 수

밖에 다른 방법이 없었다.

직장은 바로 사표를 제출하여 바로 정리하였다. 더이상 곤욕스러운 모습을 보이기가 싫었다. 빈털터리가 된 처지에 신속하고 깔끔하게 처리하였다.

자, 이렇게 되면 무엇을 어떻게, 무엇부터 해야 할 것인지… 막연하였다.

하늘을 보고 한숨만 쉴 뿐이다. 어느 누구와도 상의할 내용이 아니어서 일시에 날벼락을 맞은 셈이다. 그런데 설상가상으로 그해 여름에 장맛비가 억수로 와서 하수도의 물이 역류하여 지하 방에 물이 천장까지 채워지니 또다시 완전한 거지꼴이 되었다. 남은 것은 입은 옷가지뿐이다. 내 인생 항로가 이렇게 쉽게 변할 수가 있단 말인가?

불과 여섯 달 남짓에 삶의 형상이 급변한 것이다. 뒤돌아볼 시간조차 없는 상황이라 무엇을 어떻게 해야 할지 몰랐다. 내가 가진 것은 내가 입은 옷 한 가지뿐이었다. 나를 증명해 줄 신분증도 자격증도 모든 것이 물에 잠겨 흙탕물 쓰레기로 변하여 쓸 수가 없게 되었다. 소유로 따지면 출생 당시의 모습이다. 아무것도 가진 것이 없는. 난민의 신세가 되는 것도 시간문제로다.

급변한 현실에서 더이상 해결할 방법도 생각할 여지가 없는 꼴이 되었다.

구청에서 마련해 준 임시 거소가 인근 학교 강당이었다. 그곳에서 주는 밥을 먹고 구호품으로 준 침구를 사용하며 15일 동안을 보내니 재해 난민이 따로 있는 것이 아니고 바로 내가 그 대상이 된 셈이다.

무소유의 재해 난민, 천장까지 찬물이 빠지고 난 후에 보니 방에는 오만 잡동사니가 가득하고 하수도의 썩은 냄새가 코를 찌르고 가재도구는 한 가지도 쓸 수가 없으며 골목에도 쓰레기가 산더미를 이루고 있었다. 실의에 실의를 더해 아무런 의욕과 기대 역시 상상을 초월하여 정신을 잃을 꼴이다.

살아온 인생을 돌이켜보아 천벌을 받을 내 운명인가 하고 깊이 생각해 보아도 결국은 다시 힘을 내어 살아보라는 것뿐이다. 이것은 나의 운명이다. 하늘이 무너져도 살 길은 있다 하지 않던가?

비겁하게 포기하지 말고 마음을 다지고 대지를 다시 보자고 마음을 다지며 장발장의 정신과 소인기(少忍飢)*의 신념으로 나 자신과 약속을 하였다.

그해 겨울에 갈 일이 있어서 대전에 갔는데, 버스 터미널 근처에서 1톤 트럭에 마른오징어를 가득 싣고 팔고 있는 10여 년 전 제자를 만났다. 우연이지만 서로 반가워 대화 중에 나의 처지를 말하니 같이 오징어 장사를 하려면 트럭을 준비해 오라고 하여 더 이상 생각할 필요없이 그렇게 하자 하고 서울에 와서 트럭을 준비하여 자존심 같은 것을 밑뿌리째 버리고 동참하기로 하였다.

속리산 마을에 숙소를 찾아가니 나와 같이 5명이 동행을 하게 되어 마음이 든든하였다. 마산 건어물시장에서 마른오징어를 트럭 가득 싣고 제자가 하라는 대로 제자를 스승으로 초보인생 첫발을 디딘 셈이다. 제자가 지정해준 곳에서 첫 장사를 시작해 보았다. 그러니까 스피커를 통해서 오징어 멘트를 방송하는 것으로 구미공단 주변 아파트 앞에서 첫 멘트로 시작했다. 평소에 잘 먹어본 일이 없는 마른오징어를 파는 것인지라 미리 교육을 받아 그런 메뉴로 하였다. 구미공단 주변 아파트라서인지 30여 분만에 60만원을 팔았다. 가격을 잘 정했는지 걱정이 되면서 그래도 첫 장사치고는 많이 판 셈이다. 정리하고 모두 같이 숙소로 돌아오면서 생각을 해보니 이렇게도 좋은 길이 있구나 하면서 제자의 삶에 동행자가 된 셈이고 나의 처지에는 구원자인 셈이다. 저녁식사를 마치고 같이 모여 하루의 장사 소감을 나누는 데 역시 먼저 한 장사꾼의 경험담이 크게 도움이 되었다. 5명이 한 군단을 이루었다.

하루의 출발부터 장사 마친 후 귀가도 같이 행동을 하니 하나의 군단이 이루어진 셈이다. 물론 제자가 선두 리더로 하루의 일정을 상의하고 결론을 내려 지시 인도하였다.

1년 전만 해도 중앙청 사무실에서 수학교육에 대한 연구 지도를 했는데 이렇게 쉽게 직업을 바꾸고 힘든 노동 같은 일을 하는 것을 생각하면 고등학생 시절 고학하던 생각이 아련하게 꼬리를 문다. 공직에 있을 때는 생각해 본 적이 없는 새 직업을 실행하고 있으니, "사람 팔자는 뒤웅박 신세로다."라는 말이 실감이 났다.

우리 5명의 군단은 제자의 계획에 따라 청주, 상주, 문경, 괴산, 대전, 영동, 예천, 그리고 구미까지 이동하면서 단일품목인 마른오징어를 팔고 있었다. 일정이 마땅치 않을 때는 장날을 찾아가기도 했다.

5대의 차량은 탑차도 있고 화물칸에 포장을 만들어 탑차 모양으로 해서 이동할 때 멀리서 보면 군용트럭의 이동 행렬 같은 느낌을 준다.

장날을 찾아갈 때는 장날로 정해진 27장, 38장, 49장으로 그날을 맞춰서 찾아가기도 한다. 장으로 가면 시골장이라서 장에 나온 시골 영감님도 많아서 가끔은 인생 넋두리를 나누는데 계속 가면 지난 장날 본 영감님을 다시 볼 수 있어서 대화가 친숙해진다. 지역에 따라서 언어가 약간씩 다른 사투리를 하게 되니 지역감정과 인성까지도 새로 느껴지기도 했다.

우리는 장사를 하면서 수시로 전화를 하여 서로의 장사 분위기를 나누어 정담을 가지게 된다. 건어물 상회에서 한번 채워 실으면 1주일은 팔 수 있으므로 작은 이익금은 각자가 나름대로 저축을 한다. 때론 저녁에 간단한 술자리도 있지만 나는 술과는 친숙하지 못해 즐기는 편은 아니었다. 틈틈이 일기처럼 생각날 때 적어놓고 보기도 했다. 항상 현실에 충실하고 최선을 다하면 남에게 불편과 피해를 주지는 않으니 나이나 체면을 따지지 말고 열심히 하는 성격이라 모두가 싫어하는 존재는 아니었다.

모든 것이 열악한 상태지만 최대한의 노력만이 그들과의 공동생활의 진미를 갖게 되는 것이다. 무소유의 기분은, 적으나마 매일 매출에 의한 수익금이 하루의 피로를 덜어준다. 우체국통장에 누적되는 금액은 나를 위안시켜주며 돈의 가치를 재음미하게 했다. 매월 월급을 받아서 생활할 때는 경제적인 재테크는 무관심이었는데 매일 장터에 나가서 장사를 하여 돈을 벌어야 한다는 압박감은 내 생활에 대한 책임감과 인과응보를 재음미하게 된다.

우리 군단은 1주일마다 마산의 건어물 상회에 가서 변하는 물건값의 계산을 그때마다 다시 해야 했는데 이때 소상인의 상행위도 하나의 전략이 필요했다. 현장에서 소비자와 직거래를 하니 상점의 임대료와 이에 따른 부대비용은 없지만 매일 이동하기 위해서 소비되는 자동차 운영비는 별도로 계산을 해야 한다.

소비자와 직접 대화를 하여 판매를 해야 하기 때문에 오징어에 대한 기본지식은 알고 있어야 해서 자료를 조사하여 방송용 멘트도 고쳐야 하고 내용을 익혀야 전문적인 상인이 된다는 일념 하에 각자가 보이지 않는 노력을 많이 해야 한다.

그래서 우선 자료를 정리하여 각자가 알고 있도록 준비를 하였다.

오징어에는 고도의 불포화 지방산이 다량으로 함유되어 있습니다.

불포화 지방산은 콜레스테롤 혈관 축적을 막아주고 동맥경화증, 고혈압, 혈전증 등 혈관계 성인병 예방은 물론 뇌기능과 스테미너를 증진시켜 줍니다. 아미노산의 일종인 타우린 성분은 간장의 해독기능을 강화시켜 피로 회복에 뛰어난 효과가 있습니다. 인슐린 분비를 촉진시켜 당뇨에 도움을 주고, 위점막을 보호해주며 재생을 도와 위궤양에 도움을 줍니다.

반건조오징어(피데기) 보관법은 자체 수분이 있어서 한꺼번에 넣어두면 서로 달라붙기 때문에, 한 마리씩 밀폐시켜서 개별 포장 후 냉동 보관하면 항상 똑같이 먹을 수 있습니다.

반건조오징어(피데기) 굽는 법은 자체적으로 수분이 많기 때문에 그냥 불에 구우면 겉은 타고 속은 수분이 많아서 먹기가 힘듭니다. 피데기를 겉과 안이 모두 알맞게 구워지게 하려면 불에 직접 닿지 않게 굽는 것이 좋습니다.

가정에서 맛있게 반건조오징어(피데기)를 먹는 방법으로는 전자레인지에 넣어 살짝 굽거나 달군 후라이팬에 반건조오징어를 구워줍니다. 광판 오븐이 있다면 반건조오징어를 여기에 구워도 좋습니다.

오징어류는 모두 바다에서 살며 연안에서 심해까지 살고 있는데, 천해에 사는 종류는 근육질로 피부의 색소세포가 잘 발달하여 있어 몸 빛깔을 변화시키는 능력이 있으나, 심해에 사는 종류는 몸이 유연하고 발광하는 것이 적지 않습니다. 발광에는 반디 오징어와 같이 발광기관을 가진 것과 좀 귀한 오징어와 같이 발광세균을 가지고 있어서 발광하는 것의 두 가지가 있습니다.

또 귀오징어 · 갑오징어는 저서성, 살오징어 · 화살오징어는 유영성입니다. 오징어류는 식용하며 갑오징어 · 무늬 오징어 · 반디 오징어 · 쇠오징어 · 화살오징어 · 창오징어 · 흰오징어 등은 특히 수산업에서 중요한 종류입니다. 날것으로도 먹지만 마른오징어 등으로 가공하기도 합니다.

가장 작은 오징어는 꼬마오징어로 몸길이 겨우 2.5cm이고, 가장 큰 오징어는 대왕오징어의 일종인 대양대왕오징어(Architheutis harveyi)로 대서양에 살며 촉완을 포함하여 15.2m에 이르는 것이 있습니다. 오징어류는 육식성으로 작은 물고기 · 새우 · 게 등을 먹으며, 한편 대형 어류· 바다거북류· 해수류 등의 먹이가 됩니다.

울릉도 오징어는 밤새 잡아 빠른 시간 안에 태양열로 자연 건조시킨 것이므로 신선하고 맛이 좋습니다. 울릉도 근해는 한류인 북한 해류와 난류인 동한 해류가 합류하는 어장으로 회유성 어족이 풍부하며, 특히 오징어와 방어 어장으로 유명합니다.

오징어의 성어기는 6월 하순부터 9월까지이며, 특히 최성기에는 섬 전체가 오징어로 뒤덮일 정도인데, 지천으로 잡히는 오징어를 마당·지붕에까지 널어 말리기도 합니다.

오징어는 특히 불을 좋아하는 추광성(追光性) 어족이므로 오징어배의 집어등(集魚燈)으로 인하여 밤에는 불야성을 이룹니다.

울릉도 오징어는 본토 연안의 것보다 맛이 좋아 호평을 받으며, 국내 소비보다는 주로 동남아시아 각지에 수출됩니다. 울릉읍 도동리에 통조림공장이 있으나, 거의 전부가 말린 것으로 반출됩니다.

오징어에 대한 기본지식을 설명하면서 거의 1년 동안을 판매하니 단골손님도 있지만, 사람들이 오징어에 대한 선호도를 측정할 수 있는데 역시 오징어는 간단한 술안주와 학생들의 도시락 반찬으로 인기가 많으며 심심풀이 땅콩의 동반자로 찾기도 한다.

물건 판매는 먼저 내 물건을 홍보해야 하고 이 덕분에 우리 생활에 크게 도움이 되는 점을 힘 있게 설명을 해야 한다.

장날이 아닌 날은 길거리에서 즉 사람들이 많이 다니는 곳을 잘 선정해서 사람들의 눈에 잘 뜨이게 하고 출근 시간보다는 퇴근 시간을 주력하는 것도 하나의 전략이며 유흥가 주변에서는 늦은 시간에도 약간의 도움은 된다.

이런 생활에 전념하다 보니 다른 그 어떤 일도 생각할 여유가 없게 되어 생각과 생활 방식부터 재구조변경하는 그러니까 전문 장사꾼으로 변신하게 되었다. 서민층과 많은 대화를 통하여 순박한 인간미를 느낄 수 있고 부모들의 자식 사랑이 자기의 주 업무인 것처럼 생각하는 어르신들도 그 수는 지역에 따라 다른 분포를 보여준다.

이렇게 마음을 정하고 생활을 하다 보니 완전한 집시(gypsy)의 생활문화로 접목이 되었다.

오징어 장사를 5명이 군단으로 하다 보니 매출이 줄어들고 매출보다 지출액이 앞서고 있었다. 그래서 같이 의론을 한 바 각자가 자기 생각에 맞는 상행위를 하기로 하고 각자가 움직이기 시작하였다. 이런 차에 전국 행사장을 알아보니 이른 봄이라 옥천군의 묘목 축제를 알게 되었다. 봄철이 다가오니 여러 가지 묘목을 심기 위하여 판매장으로 나와서 묘목 중에 과실수를 많이 판매하고 있었다. 그곳을 처음으로 가서 길 입구에서 역시 오징어를 팔기 위하여 펼쳐 놓았으나 묘목을 구입한 사람들은 어서 가자는 식이라 타고 온 자동차로 뿔뿔이 흩어지니 나중에는 묘목 주인들만이 어둠을 맞이한다.

축제장이란 볼거리와 먹거리, 살거리 등 다양하게 시간을 들여 머물 수 있는 여건이 조성되고, 먹고 마시고 친구들과 어울리는 시간 속에서 삶에 대한 긴소리 짧은 소리를 나누는 시골 맛이 있어야 거기에 어울려 매출이 발생하기도 하는 경우인데 단일 품종인 묘목 하나만으로 거래가 이루어지는 현장에서는 그 이상의 매출이 발생할 수가 없다고 판단하였다.

충북 옥천군 이인면은 대한민국의 최대 묘목의 주산지이다. 지역의 70%가 사질양토이며 기후조건이 우수하여 내성이 강한 우량묘목을 대량 생산하고 있는 곳이다. 그래서 때를 맞춰 3월 하순에 약 5일간의 묘목 축제가 열린다. 처음으로 축제장을 찾았으나 판매는 이루지 못했어도 전국에 계절에 따른 축제가 있다는 정보를 알고 있었기에 먼저 시작되는 진해 벚꽃 축제장을 생각해서 준비를 하고 떠났다.

1952년 4월 13일, 우리나라 최초로 충무공 이순신 장군의 동상을 세우고 충무공의 얼을 기리기 위하여 11년간 거행해오던 추모제가 1963년 충무공의 호국정신을 이어가고 향토 문화예술의 진흥을 도모하고자 새롭게 단장되어 문화축제로 발전된 것이 군항제이다.

해군의 요람인 군항 도시 진해는 4월이면 전 시가지가 벚꽃으로 뒤덮여 장관을 이룬다. 군항제는 화려한 벚꽃을 배경으로 4월 초에 10일 동안 이충무공 호국정신회 주최로 펼쳐지는 최대의 관광축제이다.

뜨내기로 찾아간 나는 아무것도 모르고 이미 와 있는 장사꾼들과 대화를 시작했다. 축제장으로 와서 장사하는 사람들은 나와 같은 품목은 역시 아니고 먹거리를 위주로 그러니까 오뎅, 닭꼬치, 우동, 라면, 막걸리, 맥주 등과 같은 먹거리를 판매하는 일종의 이동 식당 같은 형태이다.

먹거리 장사꾼들을 보면 나와 비슷한 연배이거나 약간 아래인 부부도 있는데 이들은 이런 축제장을 찾아다니면서 노하우를 쌓은 경력자들이다. 그러니까 축제장 이동 판매상의 대가(大家)를 만난 셈이다. 어디나 전문성을 가진 선배들이 있기 마련이다.

축제 진행 공무원들이 잡상인들의 무질서 상행위를 단속하는 것은 당연한 일이다. 합의가 안 되면 경찰들이 주차위반 사항으로 벌금딱지를 발행하고 언쟁이 벌어지면 경찰서나 파출소 호출로 시비가 엇갈린다. 경험이 부족한 나로서는 너무 벅찬 사례가 되었다.

노점상이라고 부르는 것이 타당할 것으로 이렇게 부르기로 한다. 노점상들은 마구잡이로 이기는 것을 목표로 억지를 쓴다.

노점이나 행사장 상행위자들은 매출 동향을 대략은 예측한다. 내가 오징어를 판다니까 모두가 눈을 크게 뜨고 걱정스러운 표정으로 나에게 충고 같은 방법론을 제기했다. 그러니까 오징어 판을 접고 버너와 주전자 그리고 쟁반을 준비하고 먼저 맑은 물을 끓인다. 그리고 종이컵에 커피를 채우고 펄펄 끓는 주전자 물을 적당하게 부으면 잠시 있는 동안 커피 맛이 혼미할 정도이니 누구나 쉽게 마실 수 있다는 것이다. 그래서 장사 선배들의 이야기에 고마움을 가지고 커피 팔기를 시작했다. 벚꽃은 피었어도 날씨는 약간 싸늘한 감이 있어서 따끈한 커피 한 잔은 누구나 쉽게 마시려 한다.

구경 온 사람들은 대부분 혼자 온 것이 아니고 삼삼오오 무리 지어 오기 때문에 모두가 커피를 좋아하는 편이라 자기들이 컵에 일회용 커피를 뜯어 물을 붓고 서로 권하며 마신다. 커피는 한 잔에 천 원이고 커피가 아닌 녹차나 쌍화차는 2천 원, 3천 원을 받았다.

행사장에 온 사람들은 값에는 이의가 없다. 오징어판은 이미 접었으니 편하게 커피장사로 벚꽃축제를 마칠 생각으로 하루를 보냈다. 내 옆에서는 오뎅, 국수, 닭꼬치, 막걸리, 맥주 등 다양하게 판매를 하여 편하게 의자에서 장시간 손님을 받고 있으니 매출이 오를 수밖에. 내가 하루 종일 커피를 팔고 보니 30여만 원이다. 원가에 비하면 큰 이익이지만 그런 정도의 매출은 도움이 못 되어 고민을 해 보았지만 현재로선 다른 방법이 없다.

커피 자판기의 시초는 1977년 롯데산업이 일본 샤프사로부터 커피자판기 완제품을 400대 수입했고, 우리나라의 최초의 커피 자판기는 서울역에 설치되었다.

1990년대 중반에는 대기업들이 진출할 정도로 황금알을 낳는 사업이었으나 2010년대 후반 이후로 전국 널리 보급된 프랜차이즈, 개인카페 및 커피 전문점, 네스프레소 같은 가정용 커피 추출기의 등장으로 점점 사라져가고 있다.

식당 등에 있는 미니 자판기를 제외하면 2012년 기준 100원짜리 커피가 가장 싸며, 그 외 500원과 600원도 보이며 강남에는 1000원짜리도 있다.

진해 벚꽃축제가 끝날 무렵 고민을 하다가 돈을 벌기 위해서는 먹거리를 해야 하니까 과감하게 오징어 판을 내리고 먹거리를 하기로 결심을 하고 대구 칠성시장 전문점에 연락을 해서 먹거리용 자재 일체를 주문하였다. 그러니까 경험도 없는 처지에 업종 변경을 한 셈이다.

전문가가 따로 있나? 고등학생 시절 고학하면서 의식주를 해결하던 경험을 살려 먹거리 장사꾼들의 하는 내용을 눈여겨보면서 모르면 상의도 하고 지도를 받으면 될 것으로 업종 변경이 된 것이다.

5월 5일 나주 어린이공원에서 15년 경력을 가진 선배와 같이 나는 첫 장사를 하기로 하고 어린이날 행사에 준비한 먹거리판을 시작했다. 맑고 청명한 날이라 포장 같은 그늘막이 필요 없고 조리대 하나만 펼쳐 놓고 우선 오뎅과 떡볶이를 준비하였다. 오뎅은 큰 냄비 같은 것에 물을 끓이고 대파, 고추장, 물엿, 소스가루 등을 적당량 넣고, 부산 어묵을 긴 꼬챙이에 접어 꿰어 넣고 물을 끓인다. 떡볶이는 넓은 프라이팬에 식용유, 고추장, 물엿, 양배추 소스 등을 묽게 끓이면서 떡볶이 떡을 넣고 끓이면 떡이 익으면서 맛이 난다. 양념과 소스 만드는 법을 선배에게 일려줄 것을 요구했는데 절대로 안 알려주고 내가 직접 하라는 식으로 피하여 수차례 연습을 해서 먹기 좋은 맛을 나름대로 만들어 찾아온 어린이들에게 팔았다.

어린이들은 나에게도 오고 선배에게도 가서 사 먹는데 양쪽을 다 가는 경우는 못 봤다. 그러니까 내가 준비한 맛과 선배가 판 맛의 비교는 없는 것으로 보인다. 어린이들은 공원에서 처음 먹어 보는 별미인지라 시중에서 파는 것과도 견줄 수가 없다. 뛰어놀다가 하나씩 먹는 것이라 우선은 입맛에 맞으면 그것이 좋은 간식거리가 된다.

행사를 마치고 숙소에 와서 판매 결과를 비교해 보았다. 예상 밖으로 큰 차이가 없었다. 아마도 맛의 차이보다도 현장에서 분위기 따라 어린이들의 보이는 시선에 따라가고 싶은 식판대로 가는데 이왕이면 보기 좋은 떡이 맛이 있는 것처럼 비록 노점상이지만 외모도 단정하게 의복도 깔끔하면 선호도 선택의 기준이 될 것으로 자평해 본다.

다음 행사장으로 이동할 때는 급하지 않을 경우에는 국도 아닌 지방도를 이용한다. 가다가 보면 작은 행정기관이 있는 곳에는 그 지역 행사를 알리는 현수막이 꼭 걸려 있다. 그 내용을 기록해 두었다가 전체 일정과 비교해서 그 행사에 가서 장사를 하는 경우도 있다. 그런 때는 혼자 그 행사를 보게 되어 대박을 얻을 수도 있다.

집시 행상은 지역행사의 정보가 절대로 중요하다. 틈틈히 시간을 내어 각 지역 군청에 전화하여 행사를 알아보는데 공무원들은 장사꾼들에게 행사 내용을 잘 안 알려준다. 행사장에는 장사꾼들이 많아야 행사에 빛이 나는데 너무 많은 장사꾼들이 모이면 질서 차원에서 골칫덩이로 생각을 한다. 그러니까 장사꾼이라 하지 아니하고 사진작가협회라고 거짓말로 문의하면 자세히 안내하듯 알려준다. 그래서 담당 공무원들에게 부담되는 일은 피하며 장사를 해야 하므로 편의상 거짓말도 하게 된다.

예천군 군민 축제날 몰려간 장사꾼들이 공설운동장 둘레에 천막을 치기 위하여 장소를 선점하려고 경쟁이라도 하려는 듯 달려가면 단속 공무원들이 현장에서 제지를 하고 장사꾼들을 철수시킨다. 먹거리는 새벽부터 자리를 잡고 불을 피우고 음식을 준비하여 행사에 참여차 온 군민들에게 따뜻한 오뎅 국물이라도 먹을 수 있게 해야 장사가 시작되는데, 지역에 따라 단속이 심한 경우가 있다.

나는 단속 공무원에게 팀장 면회를 요구하고 팀장에게 엉뚱한 질문을 한다.

“예천군 재정자립도가 몇 프로인가요”라고 물어보면 바로 대답 못하고 “약 50% 되는 것 같습니다”라면 “그럼 나머지 50%는 어떻게 채우나요” 묻는다.

“아마 정부에서 채워줄 겁니다” 하면 “그래요? 그 나머지 50% 중에는 내가 내는 세금이 들어 있는데 내가 장사를 해서 그 세금을 내야 하니까 되도록 장사를 하도록 배려해 주세요"라고 말한다.

그러면 "1시간 후에 그냥 여기에서 하세요."라고 편하게 답변을 한다. 그러니 더 이상 옥신각신할 이유가 없다. 결과적으로 합당한 일인가? 하고 말하면 답이 없지요.

군민 축제는 해마다 하기 때문에 계속 가서 장사를 하다 보면 지난번에 왔던 지역 주민을 만나게 되는데 서로가 반가워서 친구처럼 인사를 하고 그것도 인연이라고 다정한 사이로 그날 매상에 크게 도움이 된다. 군민축제장에서는 군민들이 오랜만에 만나서 그간의 회포를 풀면서 대화가 활기차다. 오뎅 한 사발에 막걸리 한 병으로 한나절이 간다. 그 당시 오뎅 한 사발과 막걸리 한 병이 일만 원이면 적당한 가격이지만 시골 영감님의 주머니는 그것이 전 재산이기도 하다. 그런 경우에는 오뎅 한 바가지를 서비스로 드리면 더욱 화기애애하여 다음 해 축제 날에는 또 만날 수 있었다. 그분들에게는 오뎅 한 그릇이 더 없는 그날의 만족한 기분이므로 값을 떠나서 이심전심으로 내가 그분들의 처지를 생각해 보면 답은 간단하다.

겨울에는 태백산 눈 축제장에서 먹거리 장사를 하려고 눈 덮인 강원도로 간다.

1994년 제1회 대회를 개최한 이후로 해마다 1월 말에 약 9일에 걸쳐서 다채로운 눈 축제가 열린다. 태백산 도립공원과 태백시 일원에서 개막식을 계기로 다양한 내용으로 상설 이벤트인 국제 눈 조각을 전시회와 눈사람 페스티벌, 눈터널, 눈으로 만든 그리스 신전, 설원에서 만나는 사계(四季) 외에 태백산 등산대회, 오궁썰매타기, 설상 미니축구대회, 개썰매타기, 전통민속공연, 겨울 놀이마당 등 다양한 프로그램이 진행되었다.

매일 눈이 오는 것은 아니지만 눈이 올 때는 사정없이 무릎까지

차오르게 내린다. 천막에 쌓이는 눈을 털어가며 오뎅과 우동을 파는데 금세 식어서 뜨거운 국물 맛을 잃게 된다. 우동 역시 고드름처럼 얼어서 먹기가 어려운데 등산객들은 태백에 와서 얼음 우동을 먹어야 눈축제에 온 기분이라 한다.

내리는 눈을 맞으며 우동 먹는 재미가 깊은 추억이라 하며 즐겁게 즐기는 등산객들의 모습에 힘이 펄펄 나는 기분이 들었다. 태백은 여름에 모기가 없다고 한다. 계곡의 기온은 여름에도 초겨울 맛이 나기 때문에 모기가 살 수가 없다고 한다. 조리대의 냄비에서는 오뎅과 떡볶이가 눈 날리는 속에서 하얀 김을 하늘로 보내고 있다. 밤에는 시내 여인숙에서 자야만 했다. 태백에서의 매출은 매일 같은 수준으로 약 50만 원으로 예측하고 30만 원은 우체국 통장에 입금하고 따스한 방에서 하루의 피로를 풀었다.

아침에 행사장까지 가는 길에 우체국에 들르는 마음은 모든 고생은 꿈에서나 볼 수 있듯이 즐거운 마음이 다시 장사를 할 수 있는 힘을 가지게 해 주는 원동력이라 해도 무리는 아니었다.

태백축제에서 알게 된 그 지방 사람의 진실되고 정직함을 며칠 동안 겪고 보니 지역적인 감정을 평하는 것은 아니지만 내가 만나는 사람들이 모두가 믿음을 가지게 하는 성품을 가졌다고 생각되었다.

전국의 행사장을 다녀 보니 지역의 주민들 공통적인 특성을 구별할 수 있다고 내 나름대로 평하고 싶다.

광산으로 활기찬 시절이 지나고 생산공장이 없는 이 지역의 인심은 어둡게 느껴지지만 그래도 순박하고 진실된 주민들의 심성은 각박한 세상에 오염되지 않았다고 믿고 싶다.

판매 수익이 좋아도 행사는 기간이 있으므로 마치면 행사장은 시골 장날 다음날 같은 분위기다. 장사꾼들은 정리하고 다음 행사장으로 이동 준비를 한다. 바로 집시의 생활 모습을 연상하게 한다.

그들 중에는 서로 뜻이 통하는 그룹이 있어서 그들 나름대로 무리 지어 이동을 하게 된다. 행사장에서 먹거리장사를 하도록 재료만을 공급하는 식자재 차량이 같이 운행하는 관계로 재료는 걱정할 필요가 없었다.

초보자인 나의 경우는 눈치를 봐서 그래도 평소 대화를 나눈 그룹과 합류해서 같이 움직이게 된다.

강원도 지방에서 운전은 아주 위험한 지역이 여러 곳이 있기 때문에 초보자는 살살 기어가듯 운전을 해야 하는데 눈 덮인 고갯길은 안전을 50%만 생각할 경우도 있다. 더구나 1톤 트럭에 무거운 장비를 가득 실은 운행은 위험이 따르게 된다.

늦은 봄에 목포에서 섬으로 가기 위하여 선착장에서 배에 차를 이동해야 하는데 승선의 경우는 후진으로 승선을 해야 한다. 부두와 배와의 사이를 지나서 승선해야 하는데 운전이 미숙한 노인 부부가 승선 직전에 배가 밀려 자동차가 그대로 바다로 침몰하고 말았다. 노인 부부는 창문유리를 잽싸게 내리고 헤엄치듯 빠져나왔다. 그래도 다행이지만 자동차가 바다에 침몰하게 되었으니 완전히 망했다.

이런 사건을 직접 목격하고 보니 가슴이 덜컹 내려앉으며 장사가 운명을 가르기도 하는구나 하고 고민을 해보았지만, 별수 있나요? 한 푼이라도 벌어야 밑 빠진 독에 물 채우기이지만 채우다 보면 언젠가는 넘치겠지요.

음력 4월 초파일(4월 8일)에는 '부처님 오신 날'이라 해서 절 둘레에서 장사를 하면 좋은 결과를 얻을 수 있다 하여 인천에 있는 약사사(滿月藥師寺)로 가기로 결정을 하였다. 동행자가 있을까 하고 이리저리 알아보았으나 아무도 없어서 나 혼자 가기로 하고 초행이지만 물어물어 찾아가 도착하여 절 입구 공터에 자리를 정하고 해 뜨기 전에 준비를 할 생각으로 서두르고 있었다. 그런데 한 젊은이가 살살다가오더니 "외숙 아니세요?"라고 하는데 이곳에 나 보고 외숙이라고 할 사람이 도대체 누구란 말인가? 무시하고 하던 일을 하고 있는데 가까이 다가오기에 보니 큰 누님의 막내아들이었다.

순간 어떻게 하지…. 피할 방법은커녕 고양이에게 잡힌 쥐 꼴이다. 피할 수도 없이 거짓으로라도 핑계를 해야지 하는 생각으로.

"어, 어쩐 일인가."

"예 저 여기 살아요, 아침 운동 삼아 나왔어요."

"그래! 반갑다. 아는 사람이 이 장사를 하는데 급한 일이 생겨서 대신해 주려고…."

누가 이 말을 믿어 주겠나. 생질은 내가 여섯 달 남짓 중앙청에서 일하는 것을 보았는데…, 참말 같은 거짓말을 믿어 줄까? 참으로 어이가 없는 처지라 더 이상 아무 말도 못 하고 계속 준비를 하는데 생질은 돌아갈 생각을 하지 않고 거들고 있다. 나의 말을 50%만 믿어도 다행일지 모르나 역시 아무 말 없이 도와준다.

물통에 식수를 채워주고 손님 받을 테이블을 설치하며 계속 도와주는데 그냥 가라고 해도 아무 말을 안 하고 하루 종일 도와준다. 해 질 무렵 마치고 철수 준비를 하는데 자기 집에 가서 자고 가야 한다며 타는데 별수 없이 말 대로 생질 집에서 자기로 하였다. 그래도 내 사정에 대하여 궁금해도 아무런 질문도, 그밖에 어떤 내용도 묻지 아니하고 그냥 넘어갔다.

내가 이런 장사를 하는 것은 아무도 모른다. 그러니까 아들도 형제들도 모르게 시작했고 집에 갈 때는 멀리 공영 주차장에 주차하고 외출복으로 갈아입고 가기 때문에 구태여 알릴 필요가 없었다.

아니나 다를까, 아들들에게 알려주고 야단을 쳤는지 아들들의 공격에 못 이겨 결국은 이동 포장마차 행상을 접었다.

계룡산 벚꽃 축제장에 가서 젊은 장사꾼들을 불러 모아 필요한 것이 있으면 다 무상으로 가지라고 해서 정리하고, 화물차는 일차 점검을 하여 청주에서 노점 사과장사를 하는 젊은이에게 그러니까 내가 청주에서 노점 오징어 장사를 할 때 알게 된 젊은이가 성실하게 노점 사과 장사를 하며 내 차를 부러워하였는데, 그 사람 생각이 나서 무상으로 주었다. 열심히 해서 자식들 공부 잘 시키라고 당부하며 주었던 것으로 포장마차 돈벌이는 종을 친 셈이다. 생질을 만나지 못했다면 지금도 그 일을 할까?

제주도를 가지 못하고 남한 전국 유명한 곳을 두루 다니면서 장사를 한 셈인데 따지고 보면 일거양득을 했다고 생각이 드니 아주 좋은 시절이었다고 자찬하고 싶다. 돈을 벌면서 지역 관광을 하고 지방의 인심을 얻은 좋은 기회였으니 이런 기회는 나의 삶의 여정에서 오히려 황금의 여정으로 내 인생의 비하인드 스토리로 큰 재산적 가치를 보유한 것으로 생각한다.

지금부터는 집시의 생활을 접고 고정된 장소에서 일정한 직업을 찾아서 또 다른 생활로 도전해야 한다는 각오를 다졌다. 외롭고 쓸쓸한 밤을 열두 번 고개를 넘어 설계를 하며 정보 검색으로 내가 할 일을 찾으니 너무나 많은 일들이 나를 기다리는 것 같은 설렘으로 즐겁게 새날을 기대하며 나를 열정으로 불러일으킨 민태원의 『청춘예찬』 수필을 다시 낭독하게 하여 즐겁기만 한다.

길이 없으면 길을 내고, 길이 좁으면 넓히고, 주변 모두에게 공감을 가지는 일이라면 우리 사회에서 유익한 것이 아닌가?

이곳저곳을 다니면서 장사를 하며 그때마다 일기처럼 기록한 것을 다시 보면서 그래도 후회는 없다는 마음을 다지고 다른 직업을 찾아보는 것을 큰 과제로 직업 전환하는 기회로 했다.

*소인기(少忍飢): 배고픔을 조금 참다.

(2013. 5. 25)

행복한 어르신들의 나들이

장기적인 코로나19의 방역으로 외출도 어려운 긴 날들은 온 국민의 생활에 엄청난 스트레스를 주고 있었다. 강남노인복지관에서 즐거운 나들이 시간을 가져 본 날이 언제인지도 모를 정도였다.

날마다 발표되는 감염자 수와 사망자 수를 들을 때마다 겁에 질려 오던 것이 어느 날부터는 수가 줄어들어 다행이다 했는데 선거를 앞두고 도와주는 것인지 하나둘씩 풀리는 듯하여 좋아하던 차에 강남노인종합복지관에서 어르신들을 위한 나들이를 한다고 접수를 해야 한다 하여 며칠을 뜬눈으로 기다렸다가, 새벽 별을 보고 나와서 복지관 문을 열기만 기다렸다가 접수를 했다. 얼마나 기뻤는지 나도 모르게 웃음이 이상한 사람처럼 비실비실 나와 아침부터 우주여행 가는 기분이다. 나뿐이 아니고 회원들이 앞다퉈 모여 접수를 하였다. 이렇게 기쁜가 하며, 자주 보지 못한 회원들의 얼굴을 다시 보게 된다는 기대감에 소풍가는 날을 생각하며 느끼는 노인들의 기쁨은 유아적이기도 하였다.

6월 2일 버스 5대에 나누어 타고 모두가 들뜬 마음으로 자연 힐링으로 유명한 강원도 횡성으로 출발을 했다. 복지관 고영한 관장을 비롯하여 선생님들의 세심한 안내로 마음은 더욱 편하고 안정으로 창밖의 자연을 마음껏 감상하며 짝꿍과 도란도란 이야기꽃이 만발하였다.

횡성 하면 8대 명품(名品)으로 먼저 횡성 한우와 더덕이 있고 유명한 안흥 찐빵도 있으며 사과와 토마토 그리고 쌀과 잡곡 또 절임 배추도 명품으로 자랑스러운 우리들의 먹거리들이 마음을 든든하게 한다.

지방 농촌에서는 5월 20일까지는 모내기를 마쳐야 한다는데 차창으로 보이는 논에는 이미 모내기를 마친 듯 모들이 파릇파릇 싱싱하게 자라서 산들바람에 춤을 추고 있는 모습이 풍만한 가을걷이에 기대를 주고 있다.

울창한 나무들과 싱싱한 숲속으로 차창 밖의 모습은 즉시 힐링이 되는 기분이다.

횡성댐 물문화관에 도착하고, 물의 소중함을 알려 주는 횡성호 돌 표지석에 횡성 댐, 물 사랑 나라 사랑 조형물에 댐 건설 공로에 참여하신 분들이 소개되어 있어 글을 읽는 순간 감회가 새롭고 감사한 마음을 가져 본다.

호수 길을 걸으며 호수를 보니 이렇게 산속에 호수가 있다는 것은 우리나라의 물관리 정책이 놀랄 정도로 보인다.

요즘 유난하게 산불이 전국 여기저기에 발화되니 이런 호수가 있다는 것은 얼마나 잘 준비된 방화정책인가. 참으로 다행한 결과물이다.

소풍 온 학창 시절의 기분으로 삼삼오오 여기저기 모여 사진을 찍으며 즐거워하는 노인 어르신들은 소년 소녀 같은 기분으로 마냥 즐거워한다. 호수 길을 걸으며 그동안 쌓인 스트레스를 풀고 있는데, 아쉽게 이동을 해야 한다고 승차를 서둔다. 편안한 기분으로 명품 한우촌 식당에서 보양식으로 한우 요리로 점심 식사를 마친 기분은 살아온 중에 제일 첫째로 손꼽히는 날이기도 하다.

일정에 따라 이동하여 나무 데크가 이어져 걷기도 편한 휴양림 길을 정상까지 왕복으로 오가면서 마음속에 찌든 피로와 정신적으로 누적된 잡념을 숲속의 신선한 공기로 치유를 마음껏 하고 나니 이곳에서 오래 머물고 싶은 마음이 간절하다. 그것도 잠시 피톤 향나무 주머니 만들기 체험이 기다리고 있는데, 어린이들이 모여서 무엇인가 만들고 있는 그림을 본 듯도 하다. 어둔한 손으로 직접 만들고 보니 욕심이 생겨 2개 만들어 양손에 하나씩 들고 차에 타니 오늘 하루의 행보는 천상의 하루였다.

이렇게 좋은 기회를 마련해준 관장님의 따뜻한 마음에 감사를 드린다. 앞으로 1년간은 오늘 동행한 어르신들 모두가 치유된 마음으로, 다시 찾은 우정과 사랑을 간직하고 건강하게 살리라.

(2023. 7. 2)

2023년 계묘년(癸卯年)의 사연들

2023년은 나에게는 다사다난(多事多難)한 한 해라고 강조하고 싶다. 계묘(癸卯)년이라고 하는데 계(癸)는 흑색, 묘(卯)는 토끼를 의미하는 '검은 토끼의 해'라고 해석하는 사람들도 있다.

검은 토끼는 자기 자신의 단점과 콤플렉스를 의미하며, 지금의 당신은 자신과 제대로 마주 봄으로써, 한층 더 성장할 수 있다는 것을 자각하고 있으며, 또 다른 해석에 따르면 검은 토끼는 불운(不運)을 암시하거나 성격이 잘 맞지 않는 사람, 고약한 사람을 상징하는 경우가 많다고 예언 같이 말하기도 한다.

지난해를 돌이켜 보면 힘든 날이 많은 해였다.

치명적(致命的)인 병으로 판단되는 복부(腹部)대동맥(大動脈) 팽창(膨脹)이란 병명을 발견하였다. 그것도 평상시 정기검진하는 중에 발견을 하고 바로 SMC에 연계되어 수술해서 생명의 위기를 넘긴 것으로 보면 신(神)의 가호(加護)를 받은 것으로 감사를 한다.

수술 중에 착오로 3번의 재수술(再手術)과 3번의 시술(施術)이란 엄청 큰 과정을 겪었지만 결과적으로 보면 고진감래(苦盡甘來)라는 말을 해도 감사한 결과인 것이다. 그 와중에도 입원 전에 넘겨준 원고(原稿)를 출판사에서 시집(詩集)과 시(詩)와 수필집(隨筆集)을 발간해서 퇴원하고 출판 기념회를 가져 더욱 크게 감사를 한다.

나이가 86세라면 많은 사람들이 노인성 질환으로 여러 병원을 다니면서 치료를 받으며 약도 수없이 복용하는 경우를 쉽게 볼 수 있다는데….

병원에서 63일간 입원하고 있었으니 정신적이나 육체적으로 건강 상태는 많이 약해졌다. 입원 기간에 물 한 모금도 못 마시고 주사액으로만 유지했으니 몸무게는 약 10kg이 감소되고 근육은 축 처진 상태라서 퇴원 후 만나는 사람들은 잘 모를 정도라며 놀라는 인사를 한다.

도시개발 아파트 단지로 이사 온 지 불과 2년 정도라서 이웃 주민이나 단지에 거주하는 사람들을 잘 모르며 이곳의 사회적인 주거 지역으로 분위기가 어색한 편이다.

거주 중에 코로나19에 감염되어 119구급차를 이용해 보았으며 그 이후에도 다른 병명으로 긴급 후송된 일이 두어 번 있었다. 그럴 적마다 외로움과 고통스러운 느낌은 가일층 크게 느끼는데, 그 와중에도 알게 된 지인(知人)의 도움이 아주 크게 느껴지게 되어 그 지인에 대한 존경심과 우의(友誼)가 마치 형제같이 느껴지고 고마움이 항상 떠나지 않아 더욱 감사를 가지게 된다.

2023년 9월 9일에 63일 만에 퇴원(退院)하고 기력회복을 한다는 마음으로 일주일에 3번 정도는 만 보 걷기운동을 한다. 환자 건강 회복이나 노인들에게는 걷기운동이 최고인 운동방법이라고 의사들은 쉽게 말한다.

병원비를 정산하려고 보험회사에 제출할 서류가 많아 입원했던 병원에서 발급 받은 서류를 제출하려 하니 서류량이 A4용지로 40여 장이 되어 고민하다가 주민센터에 가서 전송을 부탁했다. 규정상 곤란하다고 하더니 나의 처지를 알았는지 창구에서 안내 업무하는 여

직원이 보험회사와 연락을 해서 팩스번호를 확인하여 전송한다기에 고마움을 가졌는데 잠시 후에 하는 말이 전송할 내용의 양이 많아서 에러가 발생했다면서 어려운 얼굴상이다.

그렇다고 내가 어떻게 할 방법 역시 모르니 기다리고 있으니 보험회사의 이메일 주소를 확인하고, 그 내용을 다시 이메일로 전송하고 확인을 했다면서 가볍게 말하는 얼굴이 너무도 아름다웠다. 그 많은 양을 이메일로 보낸다는 생각은 불가능한 일로 여겼는데 역시 젊은 공무원의 기지와 순발성이 영특하고 똑똑함에 다시 한번 칭찬을 한다. 더 이상 불가능하다고 한들 내가 어찌하겠는가, 그런 생각을 할 때 실의(實意) 빠진 나의 모습을 생각해 보면 재치있는 생각이 큰 신뢰를 얻게 된다.

논어 술이(述而) 편에 "세 사람이 함께 가면 반드시 내 스승 삼을 만한 것이 있으니, 잘한 것은 따르고, 잘못한 것은 내가 고치라(三人行必有我師, 擇其善者而從之, 其不善者而改之)"는 글이 있다.

인생길은 혼자 가는 것이 아니고 이웃과 더불어 간다고 생각하면 마음에 여유가 생기고 나보다는 남을 먼저 생각하면 마음이 편하고 언어행동이 부드럽고 덕을 베푸는 기분이 든다. 그래서 덕불고(德不孤) 필유린(必有隣)이란 말도 있다. 그러니까 덕을 베풀면 이웃이 가까이 있다는 것이다.

병원에서 퇴원 하고 건강 관리를 한답시고 매사에 신중을 기하는데 요양사(療養士)가 매일 3시간씩 와서 청소를 비롯해서 간단한 일을 처리해주니까 생활 자체가 부드럽고 기분도 활기를 주는 듯해서 우리나라의 복지서비스에 대한 감사함을 재인식하고 더욱 열심히 건강 관리하자, 나 스스로 다짐하고 있다.

지난주에는 「노인들의 여가활동 설계」란 제목으로 수필 같은 글을 써서 대한노인회 발행 『혜인시대』에 제출했더니 배달된 신문에 등재된 것을 보고 용기를 주는 듯하여 힘을 얻고 있다.

2023년은 나에게 하나님의 많은 은사를 받은 뜻깊은 해로 감사의 기도를 어려운 이웃에게 드리고 싶다. 돌이켜 보면 다 간 느낌이며 그 와중에도 게을리하지 말고 여가문화 활동을 계속하도록 경각심을 주는 듯하여 아멘아멘을 한다.

치악산 등산기념 (2022. 7. 29)

(2024. 3. 20)

천진(天津) 여행기

중국의 주덕(朱德, 1886-1976) 장군 탄신 129주년 문화교류회에 초대되어 2015년 11월 27일 중국의 천진(天津)에 다녀온 일이 있다.

인천국제공항에서 대한항공 비행기를 타고 일행 10명은 마치 소풍이라도 가는 기분으로 모두가 설레 보였다. 그것도 가까운 중국 공산 국가로 간다는 것에 더욱 설레는 듯했다.

동북아 허브공항을 자부하는 인천국제공항을 처음 이용하는 마음은 중국에 비하여 작은 나라지만 자부심을 가져 본다.

중국의 4대 직할시인 베이징, 충칭, 상하이 그리고 천진 중 하나인 천진을 방문한다고 생각을 하니 궁금한 것이 너무나 많다.

톈진(중국어: 天津, 병음: Tiānjīn) 또는 천진은 중화인민공화국 동부의 직할시다. 하이허강 하구, 보하이 만 연안에 자리 잡고 있다. 동쪽은 황해와 접해 있고, 서쪽·남쪽·북쪽은 허베이성과 접한다. 베이징과는 북서쪽으로 닿아 있다.

1927년 톈진은 중국의 자치제로 설립되었지만, 1937년 7월 30일 중일전쟁으로 일본에게 함락되었다. 1945년 8월 15일 제2차 세계대전이 끝날 때까지 톈진은 일본에게 점령되었다.

1946년 12월 베이징대 여학생이 미군에게 성폭행당한 사건을 계기로 1947년 1월 1일 톈진에서 수천 명 학생의 시위운동이 일어났다. 이로 인해 1947년 6월 미국 군대는 철수하게 되었다.

사계절이 분명하고 뚜렷한 대륙성 기후로 겨울에는 시베리아 고기압대에 영향을 받아 춥고 건조하고, 여름에는 북태평양 고기압권의 영향을 받아 덥고 비가 많이 내린다. 연평균 강수량은 520.9mm이다. 쾨펜의 기후 구분*으로는 스텝 기후(BSk) 또는 냉대 동계 소우 기후(Dwa) 등을 동시에 핀다.

톈진시는 16개의 시할구로 구성되었으며, 톈진 빈하이 국제공항(ZBTJ)은 톈진 시내 동쪽에 있고, 시내 중심으로부터 2km 거리에 떨어져 있다. 1996년 10월 국무성에 의해 '국제정기공항'으로 승격이 되고, 현재 명칭으로 바뀌었다.

톈진 지하철의 공사는 1970년 7월 4일 시작되었으며, 중국에서는 두 번째로 지어지는 철도였고 1984년도에 운행되기 시작했다.

톈진 신항은 시내 중심부에서 택시로 1시간 30분 정도의 거리에 있으며, 일본의 고베항과 한국의 정기편이 시작했다.

톈진시 상주인구는 1152.4만 명으로(2012년), 몽골 총인구의 4배 정도로 이 때문에 톈진시는 '특대도시'라고 불린다. 톈진에 거주하는 민족 가운데 대부분은 한족으로, 톈진시 총인구의 98%를 차지한다. 그 외에 후이족(回族), 조선족(중국어 정체자: 朝鮮族), 만주족(중국어 정체자: 满族), 몽골족(蒙古族) 등의 소수민족이 있다.

주덕(朱德, 1886-1976)은 중국군 10대 원수(元帥) 중 서열 1번이며, 중국 공산당 혁명 시절에 홍군의 명실상부한 군사지도자라고 할 수 있다.

중국 공산당 혁명의 주 인물을 굳이 뽑으라면 주석(主席)이었던 모택동(마오쩌둥)과 총리(總理)였던 주은래(저우언라이) 그리고 군사지휘관이었던 주덕(저우떠)을 뽑을 수 있다.

혹자는 이 세 사람의 궁합이 잘 맞았기에 중국의 혁명이 성공적일 수 있었다고 한다. 한 사람이라도 없었다면 그와 같은 성공을 이루기는 힘들었을 것이라고 한다.

주은래는 항상 제2인자의 위치에서 살가운 살림을 하는 사람이었고, 모택동은 강한 카리스마와 세심한 관찰력과 지도력을 발휘해 주석다운 주석의 역할을 했으며 기나긴 홍군(紅軍)의 장정을 이끈 주덕은 연륜과 인간미로 백군(국민당군)과의 전투를 승리로 이끌었다는 것이다.

1955년 중국인민해방군은 제1차로 군 직함제를 실행했다. 당시 중남해 회인당에서는 모택동이 주덕 등 10대 장군들한테 원수(元帥) 직함을 수여, 그것으로 중국 군내에서는 10명의 원수(元帥)가 확정되었다고 한다.

미국인 여류작가 '아그네스 스메들리'가 중국 땅에서 주덕을 만나 인터뷰를 하면서 저술한 책으로 그녀는 이 책을 다 마치지 못하고 죽었으며 이후 그녀의 기록을 정리하는 사람들에 의해 책이 출판될 수 있었다고 한다.

주덕의 간단한 성장사를 말하자면 사천성(쓰촨성)의 가난하지만 부지런한 농가에서 태어나 운 좋게도 형제 중에 유일하게 교육을 받았으며 군관학교에 입학한 후 나태한 생활을 하다가 공산당에 입당한 후 독일 유학(사실상 유학이라고 할 수는 없다.)을 다녀와 홍군(紅軍)의 혁명운동에 지대한 공을 끼친 군사 지휘관이다. 그는 모택동보다 10년이나 나이가 많았으며 40세가 넘어서 홍군에 몸을 담게 된다.

놀라우리만큼 강인한 체력과 자신의 과거에 대한 부끄러움, 수치심이 언뜻 자신감이 결여되었거나 또는 무척 겸손한 사람으로 보였다고 저자는 기술하고 있다.

그러나 그는 홍군에 없어서는 안 되는 정말 중요한 인물이었음이 사실이고 노련하되 순수한 인간미를 가진 인간이었다고 기술하고 있다.

주덕(朱德) 원수의 딸 주민(朱敏)은 북경군지양용인재양성원(军地两用人才培训学院)을 설립, 원장을 맡았으며 이 학원은 현재 북경군지전업연수학원으로 이름을 바꾸었다. 주민은 일찍 구소련 유학 시절 당시 모스크바에서 함께 유학생활을 하던 유쟁(刘铮)을 만나 열애에 빠졌다가 결혼, 이들 사이에는 유건(刘建), 유강(刘康), 유민(刘敏)과 유무(刘武) 등 네 자녀가 있다.

작가(아그네스 스메들리)의 저술을 통하여 주덕 장군의 여러 면을 알게 되었지만 순수한 인간미를 가진 장군으로 후세에 존경을 받고 있다고 한다.

기내 좌석 앞 의자의 뒤에 있는 소형 PC에서 제공되는 정보는 다양하여 기내에서도 필요한 정보를 검색할 수 있어 매력을 가졌다. 쉽게 눈에 다가오는 것은 운항 순간에 따라 항공기의 항로가 바로 PC 화면에 표시되고 있으니 생동감을 주어 비행기로 여행하는 실감을 가지게 했다.

천진 공항에서 버스에 옮겨 타고 목적지인 천진 국가 개방대학교로 가는 중에 차창 외부의 황활한 대지를 보게 되니 “이럴 수가….” 라는 말이 나오다가 입속에서 멈추고 만다.

넓은 땅이 자연 그대로 방치된 듯한 모양으로 가끔은 식수(植樹)를 한 것이 보이고 얼마를 가면 인공으로 만든 낚시터가 보인다. 그러니까 작은 호수를 만든 것 같은 곳이 오는 동안 여러 곳 보였다. 중국에도 강태공이 있는 듯하다.

우리나라의 예전에 붕괴된 와우 아파트 같은 어설픈 아파트가 소규모로 있는 것도 보였다. 지나가면서 보이는 외부 모습에 의아심만이 쌓이고 목적지에 도착하였다.

정해진 순서에 따라서 들어간 곳이 기숙사 같은 시설이었다. 건물 모양은 크고 튼튼해 보이는데 실내는 보기보다 기대 이하로 보였다. 유리창 문은 우리나라 50년대의 규모이며 화장실은 역시 50년대의 시골 학교의 재래식 형태였다. 학생 기숙사이므로 크게 기대는 바랄 수 없지만 우리나라와는 너무나 차이가 심하다.

가는 날이 장날이라고 하늘은 암막을 친 것처럼 보이고 안개인지 매연인지 주변을 선명하게 볼 수 없는 시야는, 미세먼지의 본산지를 증명이라도 하는 듯했다. 시야가 오리무중 상태로 미세먼지의 본산지를 증명하듯 보여준다. 미세먼지는 인체의 폐포까지 침투하여 호흡기관의 질환의 직접적인 원인으로, 인체의 면역기능을 약화시킨다고 한다. 미세먼지의 측정은 간접적인 측정 방법(베타선 흡수법*)과 질량을 저울로 측정하는 직접측정법(중량농도법*)으로 나누는데 그 단위는 마이크로그램퍼 세제곱미터(ug/㎥)라고 읽는다.

방대한 교정에 준수한 부속건물이 보이는데 잘 정리된 군시설처럼 보인다. 강당에서 문화교류 기념식을 진행하는데 중국의 여러 지방에서 온 사람들의 차량은 모두가 미국산과 일본산 제품으로 쉽게 알아볼 수 있어서 그들의 자동차 문화수준을 알 수 있었다. 그런데 이들의 복장(服裝)은 일반적인 예복(禮服)다운 점이 안 보이고 평상시 의복 차림이라 검소한 국민성을 보이는 듯하였다.

중국에서의 행사라서 그러하겠지만 영어(英語)로라도 아니면 한국말로라도 진행을 같이했으면 쉽게 진행을 참여할 것인데, 일괄적으로 중국말로만 진행을 해서 다른 중국인들의 행동에 따라서 진행을 참여한 것이 아쉽기도 하였다.

1박 2일의 짧은 여행이지만 행사를 마치고 귀국길에 이것저것을 생각해 보면 아직도 개발 여지가 무한한 나라다. 행사 참여라서 그 외의 다른 여정은 특별하게 하지는 못했으나 주최 측의 많은 배려와 대접에 이국적인 감사를 받은 것은 대국의 국민성과 이웃 국민에 대한 기본 예의이자 바른 자세로 인정했다. 특히나 기숙사에서 봉사하는 사람들이 젊은 군인 신분으로 예의 바르고 친절한 모습도 역시 여유가 있어 보여서 편한 마음으로 있으면서 짧은 대화지만 의사 소통은 기본적으로 하였다.

행사 내용이 국가적인 행사는 아니라도 법인 단체의 문화사업 행사인 만큼 국제적인 차원을 생각하고 진행했더라면 더욱 참여자들에게 많은 보람을 주었을 거라고 생각을 했다. 앞으로 중국과 교역을 하려거든 중국어(中國語) 소통(疏通) 능력을 가지고 참여해야만 성실한 교역이 될 것이란 생각을 거듭해 본다.

*쾨펜의 기후 구분(Köppen climate classification): 독일의 기후학자 블라디미르 쾨펜(Wladimir Peter Köppen)이 식생분포에 주목하여 1918년에 발표한 기후 구분이다.

*베타선 흡수법: 방사선의 한 종류인 베타선을 활용해 미세먼지 농도를 측정하는 방법.

*중량농도법: 환경대기 중의 미세먼지(PM 10) 측정방법.

(2016. 11. 5)

삶과 죽음에 대한 갈등(葛藤)

고통 없이 살기 위하여 찾아온 곳이 병원이다. 나 스스로 선택하여 고통 없는 삶을 영유하기 위한 나의 소망이기 때문이다.

사실 입원 당시에는 통증이 있던 것은 아니고 생명에 위협을 주는 잘못된 신체 기능의 일부가 원인이었다.

내가 확진을 받고 수술이건 시술이건 잘못된 부분을 바르게 정상적으로 고쳐 보려고 전문가를 찾아간 것은 다행한 결정이기도 하다.

병명(病名)은 '복부대동맥류'이다. 우리 몸에 정맥과 동맥이 있다.

동맥은 순환계인 심장에서 몸의 각 기관이나 조직으로 혈액을 운반하는 혈관을 말한다. 심장에서 나오는 혈관은 몸쪽으로 갈수록 지름이 작아져 지름의 크기에 따라 대동맥, 동맥, 세동맥(arteriole)으로 구별된다.

폐순환(pulmonary circulation)의 폐동맥은 우심실에서 폐로 연결된 혈관이고, 체순환(systemic circulation)의 경우는 좌심실에 연결된 대동맥(aorta)이 심장으로 들어가는 관상동맥(coronary aretry)과 머리와 어깨로 연결되는 상승동맥(ascending arteries)과 배대동맥(abdomina aorta)으로 분지한다.

심장에서 나오는 혈관은 몸 쪽으로 갈수록 지름이 작아져 지름의 크기에 따라 대동맥, 동맥, 세동맥(arteriole)으로 구별된다.

대동맥과 동맥은 혈관 벽이 단단하면서도 탄성이 있다. 혈관 벽은 탄성이 있는 섬유질 조직과 평활근이 층을 이룬 층상구조이다. 심장의 수축으로 심장 안에 있던 혈액이 동맥으로 들어오면 동맥은 팽창한 후, 수축을 하여 혈액이 혈관을 따라 흘러가도록 한다. 동맥의 평균 지름은 4mm이고, 동맥 혈관 벽의 평균 두께는 1mm이다.

1차 병원에서 검진하는 중에 복부 초음파 검진을 하면서 우연하게 대동맥이 7cm로 확장된 것을 확인하고 3차 병원의 전문 의사와 연계를 하여 입원하게 된 것이다.

그러니까 복부에 대동맥이 팽창되어 마치 풍선처럼 되어 있는 것인데, 만일 풍선이 터지는 날은 목숨이 위험하다고 한다.

80 평생 살면서 여기저기 아픈 곳은 있었지만 이렇게 처음 듣는 병명은 의아스럽기만 했다.

수술하기 전에 각종 검사를 해서 이상 유무를 확인하여 수술에 합당한 육체인가를 확인한다. 사실 나이가 86세지만 체력관리는 비교적 잘했다는 핑계로 모두가 나이에 비하여 10년은 젊어 보인다고 한다. 성장 과정부터 사회생활 하는 중에, 부모님의 애정 어린 잔 사랑 같은 점이나 형제간에도 따뜻한 애정을 받아가면서 생활은 못 하였지만 그래도 자신이 의무적으로 하기는 했어도 게을리한 늘어진 신체 기능은 아니라고 믿는다.

심장계에서 유명한 명성을 듣는 박OO 의사가 3시간 동안 집도하여 복부를 40여cm 이상을 개복하여 인조 대동맥으로 교체하고 수술을 마쳤다. 전신 마취가 풀려서 눈을 떠보니 중환자실에서, 기다리는 사람도 없는 공간에 홀로 침대 위에서 천장에 박힌 하얀 전깃불만 말똥말똥 보며 정신 나간 모자란 사내로, 내가 보아도 아주 불쌍한 노인의 꼬라지가 화장터 화덕 앞의 대기자 꼴이다.

적막이 가득한 어두컴컴한 공간에서 삶과 죽음에 대한 번민이 하얀 머릿속을 요동치기 시작한다. 죽음에 대한 공포에 지나치게 사로잡히면 삶을 어둡게 보는 염세주의에 빠져 버릴 수도 있다고 하는데, 이런 염세주의와 죽음에 대한 공포가 합쳐져서 심화한 것을 죽음 공포증이라고 한다. 반대로 죽음에 대한 공포로부터 벗어나기 위해 긍정적이고 건설적인 효과가 나타나기도 한다고 하는데, 가령 철학, 예술, 종교 등 인류의 심층적인 정신활동 중에서는 죽음을 극복하기 위해 발달한 것들이 많다고 한다.

시간이 얼마쯤이나 지났는지는 모르나 수술 직전에 있던 2인실로 옮겨 왔다. 침대를 타고 왔지만 병실은 조용하고 아직 어둑어둑한 밤이라서 끌려오는 곳이 마치 하늘 밑 높은 산 위에 별도 없는 섣달 그믐날 밤 같은 기분이다.

처량한 나의 꼬라지 원망하지 말고 정신 차려야 한다는 야심 찬 욕심이 생긴다.

불현듯 윤동주의 삶과 죽음이란 시를 음미해본다.

삶과 죽음

윤동주

삶은 오늘도 죽음의 서곡을 노래하였다
이 노래가 언제나 끝나랴

세상 사람은
뼈를 녹여내는 듯한 삶의 노래에
춤을 춘다

사람들은 해가 넘어가기 전
이 노래 끝의 공포를
생각할 사이가 없었다

하늘 복판에 아로새기듯이
이 노래를 부른 자가 누구냐
그리고 소낙비 그친 뒤같이도
이 노래를 그친 자가 누구뇨

죽고 뼈만 남은,
죽음의 승리자 위인들!

윤동주(尹東柱)는 독립투쟁의 일선에서 장렬하게 산화한 투사도 아니었고, 당대에 이름이 널리 알려진 시인(詩人)도 아니었다. 그러나 인간을 떠나서 도를 닦는다는 것은 한낱 오락에 불과하고, 공부나 시(詩)도 생활이 되어야 한다며 식민지의 암울한 현실 속에서 민족에 대한 사랑과 독립의 절절한 소망으로 삶에 대한 의지를 보여 준 것을 생각하게 되었다.

만물은 형(形)과 이를 주관하는 신(神)으로 구성되어 있는데 모든 생물에서 오라(AURA)가 발생되고 있는 것이 이를 말하고 있다.

인간은 육체(肉體)와 영혼(靈魂)으로 구성되어 있다. 따라서 인간을 이해하기 위해서는 영혼과 죽음의 문제를 필수적으로 알아야 한다.

죽음이란, 육체와 영혼(유체(幽體) 또는 신(神)이라고 함)을 연결하는 혼줄이 끊어지면서, 육체와 영혼이 분리되는 현상이다.

혼줄이 끊어져 육체와 영혼이 분리되면, 영혼은 영혼만이 모여 사는 새로운 저세상(神明界)으로 간다고, 즉 죽음이란, 육체라는 허물(껍질)을 벗어놓고 차원을 이동한 것뿐이다.

저승에서 이승으로 넘어오는 것이, 이승에서의 출생은 저승에서의 죽음이고, 이승에서 저승으로 넘어가는 것이 이승에서의 죽음은 저승에서의 탄생이다.

내가 병원은 잘 선택했는데 돌이켜 보면 의사를 잘못 만난 것 같은 판단을 한다.

나의 병명을 수술하면 적어도 일주일이면 퇴원할 수 있는데 수술 과정에서 대동맥 교체는 잘했는데 십이지장과 소장 그리고 대장까지의 연결을 잘 정리하고 덮어야 하는데, 장(腸)에 대하여 관심이 부족하여 꼬이고 꼬인 장을 그대로 두고 수술을 마쳤다.

회복이 늦어진다고 하루에도 X-Ray 촬영을 5회 하고 CT 촬영을 몇 번이나 해서 찾아낸 바, 장들이 뒤엉켜서 장 담당 의사가 두 차례나 다시 개복(開腹) 수술을 했다.

일주일이 멀다고 수술실로 끌려가서 전신 마취를 6번이나 하고 수술 3번 시술 3번을 했으니 유명한 병원에서 있을 수 있는 일이란 말인가.

주사액을 주렁주렁 매달고 통증을 참아내는 모습을 두고 보는 것인지 24시간을 삶과 죽음의 경계선에서 멈추지 못하고 나 혼자만의 영역에서 63일간을 시름시름 하다가 아주 질긴 생명줄을 되찾으니 그 와중에도 사후세계를 몇 번이나 다녀왔는지 기억이 생생하다.

35년 전에 돌아가신 어머니를 만나고, 50여 년 전에 일명 중풍이란 시대적 불치병으로 10년여를 누워 계시다가 돌아가신 아버지도, 참전 용사로 나라 위해 몸 바친 두 형도 쉽게 보았으니 삶과 사후의 세계를 거침없이 넘나들었다.

86년 동안 살고 보니 아는 것보다 모르고 살아온 것이 더욱 가슴 아프게 한다.

죽음은 그 과정을 생각해 보면 육체는 매장(埋藏)을 했지만 현대는 화장(火葬)을 하여 한 줌의 재로 남을 뿐, 영혼은 영의 세계로 가기 때문에 따지고 보면 죽은 것은 육체와 영혼이 분리되어 위치가 다르게 존재한다고 보는 것이 학술적인 이론과 종교적인 이론이 아니더라도 영혼은 존재한다고 역설을 하므로 죽음에 대한 공포심 같은 어리석은 생각은 하지 말아야 한다.

내가 63일간 성치 못한 육체로 고통을 일과로 했지만 건강한 육체를 되돌려 받은 것을 감사로 생각하며 여생(餘生)을 진실하고 이웃과 더불어 기쁨 주는 삶을, 삶의 가치로 살기를 다짐한다.

(2023. 10. 11)

급변하는 미래에 대한 오늘의 과제

4차(次) 산업혁명(産業革命)으로 급변하는 사회 속에서 이에 대응하기 위한 교육의 과제가 시급하게 변화를 해야 한다고 생각한다.

교육 현장 혁신의 기본적인 내용은 자율성의 확대와 지도 현장의 유연성에 관점이 요구된다고 볼 수 있다.

학령인구 감소로 인하여 거주지에 따라서 변화가 발생하고 있지만, 절대적인 인구 감소로 기존의 학교가 폐교(閉校)까지 발생하는데 금명(今明)간 해결될 문제가 아니다.

시골 지방에는 노인 인구가 증가하면서 현 인구가 감소 현상을 현실적으로 일어나고 있으므로 그곳의 교육시설과 삶에 필요한 유관 시설마저도 폐업 상태라 행정적 지도체계 역시 규모가 축소되어 기본적인 생활의 전반부가 위협을 초래하고 있다.

이런 현실적인 요소를 외면할 수 없지만 성장하는 2세의 교육은 시대적 변화에 대응하는 내용을 예측하여 교육 현장은 물론 사회적인 환경에서도 이에 대응하는 제도적인 뒷받침이 있어야 한다고 본다.

첫째로 정부는 교육의 현장에서 운영할 수 있도록 지도 분야를 다양하게 연구 개발하여 제공하면 다양하게 선택하고 지도하여 능력있는 젊은이를 양성하도록 재량권을 부여해야 한다고 본다. 제도만을 앞세워 규범을 파괴하는 지도를 요구해서도 아니 되지만 억압된 차원에서 반 강압적인 감시적 행정은 지양해야 한다고 본다.

둘째로 4차산업 현장에서 적응할 수 있는 전문성을 고려해서 이에 기본적인 IT 분야의 기본적인 교육은 의무적으로 실시하여 현장과 교육면에서 거부감을 해소할 수 있는 소양적 기본 교육이 필요하다고 본다. 일반적인 생활면에서부터 IT가 적용되는 현실에서 기본적인 교육을 확대 실시해야 한다고 본다.

셋째로 학교 교육을 이수한 젊은이가 직업 현장에서 적응할 수 있도록 전공(專攻) 및 부전공까지도 교육을 이수케 한다면 당장 취업의 현장에서 직장 선택의 망설임은 없을 거라고 본다. 새로운 첨단 산업 분야에도 적응할 수 있는 분야를 연계하도록 교육 현장에서 선택하여 제도적으로 안착을 하면 지도 현장에서 유연하게 시행하리라고 본다.

외국 인력(人力)으로 부족한 산업 현장의 필요 부분을 해결하려는 제도적 발상은 좋으나 장기적인 면에서 본다면 우리나라의 산업 현장의 주객(主客)이 전도될 수 있다고 보는 예측도 불가한 것은 아니다.

좋은 직장에서 높은 보수를 받는 것이 행복의 기준이 되는 것이 아니다. 산업 현장이 다소 열악(劣惡)하고, 보수(報酬)가 대기업에 비하여 낮은 수준이라 해도 불행한 것은 아니라는 삶의 가치를 현실적으로 판단할 수 있도록 정부와 산업 현장에서 가치체계를 개발하고 유지 발전하는 시스템을 지원하고 교육적인 현장에서 실증을 보이고 취업에서 선택의 기회를 준다면 산업 현장에서 큰 문제점은 해소되리라고 본다.

중고등학교 교육 현장부터 다양한 분야를 연구(硏究) 개발하여 미래(未來)의 산업 현장에서 망설이지 않는 선택을 하도록 정부 당국에서 제도적(制度的)인 뒷받침을 과감하게 해야만 한다고 본다.

(2023. 5. 10)

아버지 어머니 그늘막이 그립습니다

– 장송(長松) 그늘막이 그립다

아버지 어머니는 동갑내기 부부였지요. 마흔다섯 되던 해에 두 손가락을 꼽아 세어야 할 막내를 출산하셨으니 금술도 좋으셨나 보네요. 그랬으면 하나도 잃지 말고 다 자라 줬으면 시끌짝하고 집안이 웅성했을 것인데 어찌하여 중간에 하나둘 먼저 보내고 한 손으로 세라고 하는지 다섯만이 늦게까지 살아 줬네요.

일제 강점기에 막내를 출산했는데 양육하시느라 얼마나 힘드셨을까요. 생각해 보니 막내와 나이 차가 많은 여식이 둘이나 있었으니 동생을 기르다시피 했을 겁니다.

오늘 2024년 범띠 해를 맞이해서 부모님 생각이 떨치지 아니하고 앉으나 서나 생생하게 그림처럼 순간마다 그려지고 지워지며 또 그려지네요.

아버지는 평범한 집 둘째 아들로 시골에서 농사일을 주업으로 성장하셨다는데 성격상으로 보면 적극적이고 열성적이며 노력형으로 짐작해 봅니다.

보통 키에 날렵한 체구로 활동적인 면이 전부인 것으로 느껴집니다. 건넛마을 그러니까 다른 면의 면장 집 장녀와 혼인을 하여 살림을 시작한 것으로 추상해 봅니다. 그러니까 외가는 일명 부잣집 명

문대가이고 대대로 부자 행세를 해 온 것으로 생각이 드네요. 외삼촌이 두 분과 이모님이 한 분 계시더군요. 외숙은 유식하고 이모님은 교회 집사로 종교생활을 열심히 하시더군요. 우리 큰집 큰아버지는 침술을 하시면서 어린 나에게도 가끔 체하면 침으로 치료해주시는 자상한 분이셨지요.

내가 국민학교 일 학년 때는 일본제국시대라 일본 선생님이 담임선생으로, 학교에 가면 비행기 폭격을 대피하는 훈련을 공부보다 더 많이 했던 것으로 기억이 생생하네요.

아버지는 열심히 개간도 하시며 논과 밭을 많이 장만하셨던 것으로 기억이 생생하네요. 그래서 농사철에는 많은 동리 사람들이 농사일을 같이하는 것을 보고 부잣집이구나 하고 마음 든든하였지요.

아버지와 어머니는 말소리 큰 언쟁 같은 것도 못 보았으며 평소에도 화를 내시는 모습도 본 적이 없으며, 내가 초등학교 입학 이전의 모습은 하나도 기억이 없으니 기억도 늦둥이인가 싶네요.

아버지는 나를 심부름꾼처럼 많은 일에 동참시켜 우리집 일과 관련된 일에 심부름을 시키시면서 아주 냉정한 감정으로 그러니까 주변 마을 먼 곳까지 보내어 확인하도록 하는 일을 자주 시키셨는데 애썼다라는 말 한마디 없고 보통 일로 생각을 하며 어머니도 무표정으로 보통 때와 같기만 했습니다.

어머니 따라서 외가에 가끔 가보면 궁궐 같은 큰 집이 앞뒤로 있고 심지어 목욕탕까지 있어서 어린 나이에 그 욕탕을 사용하기도 했죠. 일 년에 두 번은 걸어서 한나절 걸리는 작은 절을 어머니가 가시면 나는 언제나 같이 나섰죠. 물론 어머니는 가족의 건강과 가정의 행복을 위하여 예불하시겠지만 나는 누룽지 맛에 즐겁게 시간을 보내곤 했어요.

우리 집은 5칸 겹집으로 안방과 건넛방 그리고 대청마루가 있고 사랑방이 있는데 사랑방은 아버지 혼자 사용하는 것으로 알고 있었죠. 사랑방에 가서 보면 벼루와 먹과 붓이 항상 준비되어 있고 일명 사서삼경(四書三經)인 한문책이 책상 위에 놓여 있었어요. 그래서인지 밤이면 아버지는 한문 읽는 소리가 크게 안방까지 들리고 담 너머까지 들려서 지나는 사람들에게 감명을 주기도 한다는 후일에 듣기도 했죠.

가끔 나이든 어르신들이 두세 분 집으로 오셔서 아버지와 오래도록 이야기하시는 모습을 볼 수 있었는데, 들어 보면 논어와 공자 맹자에 대한 내용을 나누셨어요.

아버지는 술과 담배도 화투 놀이도 하시는 모습을 본 적이 없고, 그 분야는 관심조차 없으신 것으로 여겨졌어요. 그래서인지 우리 형제들도 모범생으로 살았죠.

어느 날 읍내 있는 향교(鄕校)의 전교(典校)일을 하시는 것을 보았어요. 그러니까 1년에 한 번 향교에서 제사를 지내는데, 아버지가 주관을 하시면서 많은 어르신들이 제사에 참여하고 장시간 대화를 나누는 모습이 존경스러웠지요.

내 위로 누님 둘은 결혼을 했고 큰 형님은 일본에서 공부하고 작은 형은 도청 소재지에 있는 중등학교에서 공부하였죠. 부모님의 자식 공부시키는 열정은 대단하셨어요. 난 어린 국민학생 철부지라 뒷동산으로 마을 여러 곳을 놀이터 삼아 해 지는 줄 모르고 자유스럽게 생활하는 어린 시절의 일상이 전부였죠. 겨울에는 눈썰매와 어름지치기로, 여름철에는 냇가에서 수영으로, 가을철에는 과일나무와 참외 수박밭에서 말썽꾸러기처럼 보냈으니 문제아 말썽꾸러기라고 해야 마땅했죠.

이렇게 하루하루의 일과를 보내도 아버지와 어머니는 아무런 반응이 없으셨죠. 무관심인지 방임인지는 모르나 일체 간섭 같은 언사가 없으셨어요. 뒤늦게 몸 아파 낳아 기르는 아들인데 가슴으로 깊이 사랑하며 키워 주신 부모님인데 속 좁게 부모님 사랑을 의심해서 되겠는가마는 어린 소견으로는 섭섭한 마음이 들기도 하였죠.

성인이 되고 객지에서 직장생활을 할 때 알게 된 일인데, 내가 고등학생 시절 집에서 방학을 보내면서 우연하게 이웃 마을 사는 선배뻘 되는 청년과 말씨름 끝에 주먹다짐까지 벌어진 일이 있었는데, 이튿날 경찰이 나를 체포하려고 찾아왔지만, 내가 피하고 없으니 3개월간 잠복하여 결국은 체포되었죠. 경찰서에 이송으로 가는 중에 아버지가 피해자 측(검사 조카)과 합의에 나를 면방 처리했다고 하는데, 사실인즉 피해자 측이 백미 일백 가마를 요구하여 다 지불하고 합의를 보았다는 내용을 뒤늦게 알았지요. 아버지는 나에게 말 한마디 하지 않고 모르는 척 넘어갔지만, 지금 생각하면 일찍이 부모님에게 큰 불효를 저질렀다고 고개 숙여 속죄하는 마음이 떠나지 않아요.

중학생 시절 아버지는 내가 아버지의 머리를 이발하게 하고, 그리고 내 머리를 이발해주셨죠. 어느 날은 아버지의 묫자리를 선정하려고 나를 데리고 인근 산을 수없이 다니다가 아주 좋은 일명 명당이라고 하는 곳을 선점하셨죠. 내가 보아도 명당인 듯했어요. 산정수회(山停水回)하고 전망이 멀리 뚫려 넓고 확 트인 곳, 예견이라도 하신 듯 후에 아버지가 돌아가시면 이곳이 아버지의 안식처로 결정을 하셨죠. 그리고 얼마 후에 돌아가셨을 때 이곳으로 모셨어요.

10년이 지난 어느 날 큰 형님이 거리가 너무 멀기 때문에 성묘(省墓)가 어려워 집 근처의 뒷동산으로 이장(移葬)했다는 거예요. 그래서인지는 모르나 집안이 기울기 시작하여 모든 재산은 이유 없이 소실되고 살아온 집마저 남의 손에 넘어가 결국은 헐리고 집터 역시 새로 개발된 모습으로 옛 모습은 찾을 길이 전무로 아버지 어머니 역사는 2대를 못 넘기고 사라진 현대판 멸망 가정스토리가 되었어요.

아버지는 근면 성실하고 배움에 열정적이며 양반계급과 인연을 가지려 노력했으며 농사를 하면서도 이웃에게는 덕을 베푸시며 애경사에도 앞장서서 진행하시고, 어머니 역시 부창부수(夫唱婦隨)로 평생 남을 미워하지도 않으시며 배고픈 자에게는 따뜻한 밥을 대접하며 항상 말이 없으신지라 자손들에게도 무정하게 느껴졌지만 속내는 항상 근심과 걱정 그리고 잘되라고 밤이면 생수 그릇 앞에 두고 기도하시는 모습은 잊을 수 없어요. 부드럽고 따뜻한 애정의 말씀을 마음 중에 담고 계셨으니 항상 마음 든든하여 매사에 걱정 모르고 커 왔는데, 이제야 그 속내를 이해하고, 불효 같은 생각이 가슴 치고 통곡해도 그 마음이 풀리지 못하니 늦게 철든 마음으로 생각해 봅니다.

아버지 어머니의 역사 실체는 200년을 못 넘기고 마지막 남은 막내의 기억으로 간직하다가 그 기억이 사라지면 부모님의 가훈 같은 덕불고(德不孤) 필유린(必有隣)이란 격문(格文)마저 사라질 것으로 생각하니 5천 년 역사 속에 안타까운 작은 가정사 하나를 누가 생각을 해줄 수 있을까 하고 반문해 봅니다.

뒷동산 양지바른 곳
낮익은 겨울 햇빛도 머무는 곳
봄이면 개나리 가득 피어
아름다운 동산
부모님 고이 잠든 곳
소슬바람 한 주먹 뿌려 놓으니
아쉬움에 젖은 엄마의 잠든 모습
그리움의 조갈증을 풀면서

(2024. 1. 17)

자라섬 남도에서 힐링하는 날

- 꽃밭에서 힐링타임

가을이 되면 전국에 축제 중이라 어디를 가 봐도 구경거리가 가득하여 갈 곳을 선택하기가 소개팅에서 상대를 고르기처럼 망설여진다.

결국, 망설이다가 교통 좋고 하루 일정에 적당한 곳, 그러니까 가평 8경 중 하나인 꽃으로 이름난 자라섬 남도를 목적지로 삼고 김밥 한 줄과 생수 한 병을 간단히 배낭에 담고 나선 본새가 옛날 춘궁기에 산으로 산나물과 쑥 뜯으러 가는 기분이다.

마땅하게 동행할 사람이 쉽게 생각이 나지 않아 하는 수 없이 혼자서 가기로 했다. 동행자가 있으면 서로 의지가 되고 말동무가 되어 가는 길이 즐거워 시간 가는 줄도 모르겠지만 죽이 맞는 동행자가 어디 쉬운 일은 아니다.

강남구청역에서 지하철 7호선을 타고 상봉역에서 춘천행 전철로 환승하여 가평역에 하차하면 터미널 가는 버스가 온다. 버스를 기다리는 사람들이 모여 있다. 처음 보는 선남선녀들과 같이 끼어서 동행자 기분을 가진다.

오늘 같은 날 나뿐이 아니고 등산복 차림으로 산행을 즐기려는 사람들이 삼삼오오 무리를 지어 나를 사이에 두고 최상의 분위기로 좋다는 듯 희희낙락이다.

버스로 5분여 후에 터미널 도착하여 40여 분이 소요되는 거리를 걸어서 가야만 한다. 가는 길이 생각보다 복잡하니 엇갈리는 기분이 망설이게 한다.

자라섬 입구에 자라 상을 만들어 놓은 걸 보니 호객행위와 자체적인 홍보로 처음 오는 사람들에게 궁금증을 가지게 하고 어렵게 찾은 자라섬을 오래 기억에 남게 한다.

자라섬은 우리나라 최초의 발전 전용 댐인 청평댐이 완공되면서 1943년 생긴 섬으로, 중도, 서도, 남도 등 3개의 섬과 2개의 부속섬으로 이루어져 있는 가평의 대표적인 관광지이다.

해방 이후 중국인들이 농사를 지었다는 데서 '중국섬'으로 불리다가 늪산을 바라보고 있는 섬이니 '자라섬'으로 부르자는 안이 가평군 지명위원회에서 채택되어 1986년 '자라목, 자라섬'으로 불리게 되었다고 한다.

자라섬 서도에는 자라섬 캠핑장(유료)과 이화원(유료)이 있어 캠핑과 함께 생태공원 시설을 관람할 수 있으며 자전거 대여소 및 체육시설(족구장 등)이 마련되어 있고, 여름에는 야외수영장을 운영하여 더위를 식힐 수 있다고 한다.

중도에는 각종 포토존이 있으며, 커다란 행사시설이 들어올 수 있어 매년 10월이면 자라섬 국제 재즈 페스티벌이 열리는 등 다채로운 볼거리와 즐길 거리가 있다는 것이다.

남도는 자연과 어우러지는 벤치, 그네 등 아기자기한 스팟들이 서정적인 야생화 단지와 조화를 이루고 있어 여유로운 산책을 즐기는 곳으로 좋다고 한다.

입구에서부터 걸어서 자라섬 남도에 들어서면 고상한 중년 부인 같은 꽃양귀비가 반긴다. 걸음 속도를 늦춰 한 발 두 발 걸어가면

구절초, 버베나, 가우리, 부용, 칸나, 하늘 바라기 그리고 앙증맞은 아게라텀이 여기저기에 수놓은 듯 꽃밭을 이루고 있다.

장식처럼 만들어 놓은 공원의 이곳저곳을 눈여겨 좋은 것은 사진으로 남겨두고 처음 보는 자연환경의 작품에는 걸음을 멈추고 악수라도 하려는 듯 꼼꼼하게 보는 시간을 가진다.

두 눈과 마음 하나로는 모두를 감상하기에는 벅차올라 아까울 뿐이다. 가노라면 꽃밭 사이로 걷는 단란한 가족도 보이고 사랑으로 손잡고 다정한 연인들도 쉽게 볼 수 있다. 고집스럽게 홀로 온 파파 하나비가 무엇을 아쉬워하는가?

남도 끝에 이르면 '수와 진'의 「파초」와 「영원히 내게」도 들을 수 있다. 그 길을 마지막으로 돌아 나오는 길목에는 결혼식 날 신부가 손에 든 부케 같은 수국이 미혼 청춘 남녀의 마음을 설레게 한다.

자연환경을 우리 생활에 밀접하게 재구성하여 주거지를 벗어나 하루만이라도 자연 속에서 힐링 한다면 더 없는 삶의 보람으로 기억될 것이다.

꽃길을 지나 잘 자란 소나무숲에는 춘향이와 이도령을 연상하는 그네가 청소년들의 호기심으로 발걸음을 멈추게 한다.

가벼운 마음으로 되돌아온 꽃길이 한 인생의 작은 한 폭의 그림을 그리듯 찌든 도심의 공기를 버리고 재충전이라도 한 듯한 기분에 많은 시간을 머물게 한다.

때 지나 배고픈 시간인데도 배부른 기분이 준비해 온 김밥 생각조차 잊고 오히려 가벼운 몸과 마음이다.

우리나라 여러 곳에 이런 자연환경의 힐링 지역이 많을수록 우리들의 마음과 건강은 여가문화의 마중물이 될 것으로 예측해 본다.

(『혜인시대』 2024. 4. 8)

다큐 우정(友情)

봉황산 중턱 뽕나무 단지 안에 집 한 채가 한 폭의 그림처럼 아늑한 분위기로 있다. 그 집 별채에 짐을 풀고 우정(友情)을 언약한 우리 삼총사는 큰 꿈을 품고 하숙(下宿)을 하였다.

나이 드신 할아버지 부부, 40대 아들 내외와 3살 된 딸이 한 가족으로 비교적 행복한 모습을 쉽게 볼 수 있어서 좋은 가정이라고 믿고 있다. 소규모 출판업을 하는 아들의 생업은 가정생활의 어려움에 크게 도움이 못 되고 있다는 점이 아쉬울 뿐이다.

시내 변두리 높은 지역이라서 오르고 내리는데 시간이 갑절 든다지만 집 마당에서 내려다보면 전망대에서 시가지를 구경하는 기분이 나쁘지는 않고 잠시라도 지친 몸과 마음을 위로하듯 상쾌한 생활공간이다.

별채는 방이 2개 있는데 아랫방은 고등학생인 아들의 처남이 사용하고 윗방은 약간 크기는 해서 우리 삼총사 대학생이 하숙생으로 입주한 것이다.

한 방에 세 사람이 있으면 불편한 점이 있기는 해도 우리들 자신의 생활경제 역시 풍족하지 못한 처지이지만 대학생의 신분으로 하숙생은 부유한 실정이다. 이곳 대학생들 중반 이상은 자취(自炊)를 한다고 하는데 우리는 고향 집이 원거리라서 불가피하게 하숙을 하기로 하고, 절약 생활도 서로가 약속이라도 한 것처럼 습관화되었다.

국립공주사범대학에서 교육자의 소양을 쌓고 후에 우리나라의 중고등학교에서 청소년의 바른 교육을 통하여 나라 발전의 기수가 되겠다는 젊은 대학생의 각오로 큰 포부와 야망으로 어려운 현실을 극복하기로 한 당찬 젊은 대학생들이다.

입학식을 마치고 대화 중에 같은 도(道)에 고향을 둔 것이 동참의 원인이 되었다. 나보다 한 살 위인 남원 출신 진히와 한 살 아래인 함열 출신 창식은 의형제를 약속하고 한 방에 하숙(下宿)으로 동고동락(同苦同樂)하는 대학 생활을 시작하게 된 것이다.

작은 방이지만 각자 사용하는 책상은 있어야 해서 책상 배열은 나를 중앙에 그리고 우측에 진히가 좌측에 창식의 책상을 정돈하니 출발부터 안정된 분위기다. 창식은 당당한 자신을 가지고 여유로운 행동이며 진히는 조용하게 인내력으로 의사 발표 역시 신중하게 하는 편으로, 나는 중간에서 두 사람의 의견을 조정하는 역할을 한다.

학교에서 학생들뿐 아니라 일반적으로 수학(數學)이라고 하면 어려운 학과로 기피하는데 삼총사는 수학을 전공과목으로 입학한 대학생이라 누가 보아도 선입견을 가지고 대화를 한다. 그러니까 어려운 수학을 전공하니 융통성 자체가 부족한 성격으로 예견하는 편이다. 사실 전공과목 자체가 융통성이란 단어가 필요한 학문이 아니라서 전공하는 자신들도 같은 생각이다. 그래서 그런지 매사에 계산적이고 꼼꼼하게 조직적이며 심미적인 형용사나 부사가 많이 빠진 언어적 행동을 보게 된다.

입학 후 몇 달이 지난 아침 등교하는 중에 진히가 갑자기 배가 아프다며 고통스러워하였고 인근 병원에서 진단 결과 맹장 관계라며 수술을 해야 한단다.

당장 공주에서는 어떤 방법이 없고 아득하기만 했다. 통증으로 걱정이 되어 수술하려면 경제적인 뒷받침이 있어야 하는데 막막하여 우선 나의 고향 전주로 가기로 하고 논산에서 새마을호 기차로 전주에 도착 후, 눈여겨 둔 병원을 찾아가 입원하고 수술하기로 했다.

맹장(盲腸)은 그 시절 큰 수술로 여겨졌고 수면 전신 마취로 시작하는 대형 수술로 인식하는 정도라 같은 방법으로 수술을 했다.

수술하는 중에 나는 남원 고향집으로 연락을 하여 맹장 수술한다는 소식을 전했다. 부모님은 얼마나 걱정을 하시겠냐 했지만 병으로 수술하니까 다른 방법이 없고 기다렸다. 내 어머니와 나이가 비슷한 할머니가 아버지와 화급하게 오셨다. 전신 마취가 풀리고 정신을 차린 친구가 할머니와 아버지를 볼 때 짓던 어린 소년의 앳된 표정은 참으로 행복해 보였다.

할머니는 생명의 은인이라며 나의 두 손을 꼭 잡으시고 칭찬과 감사의 표현을 장시간 하시는 바람에 나는 몸 둘 바 모르고 먼저 학교로 왔다.

진히를 가족 품에 두고 떠나는 나의 마음은 감사와 안심을 말할 뿐이고 진히는 안도감으로 아쉬운 표정이지만 행복해 보였다.

창식은 학교에 결석 사유를 신고하고 그간 학습 내용을 전수하는 역할로 우정의 실재를 다 했다. 옛말에 세 사람이 길을 가면 모든 것이 다 이루어진다고 했던가? 그렇다, 셋이 좋은 우정을 실감하게 되었다. 우정이란 동고동락(同苦同樂)을 체험할 때 그 진실을 알 수 있다는 사실을 실감하게 되었다.

보호자가 없는 객지에서 철부지 대학생의 신분으로 어느 누구의 도움과 보호를 기대하겠는가마는 동고동락을 같이 하는 일명 의형제만이 유일한 보호자이며 의지의 형제라고 자타가 믿게 됨을 자랑스럽게 생각했다.

졸업 후 국가발령으로 지방 각지에서 학교 근무를 하면서 우정은 더욱 간절하게 유지되었다. 소식은 자주 오가며 교육 현장에서 열정적인 활동 모습은 보람찬 현상으로 평가받고 있음을 인정하였다.

아쉽게도 진히는 20년 전에 교통사고로 투병하다가 결국 타계(他界)했고 창식은 퇴직 후 치매(癡呆) 상태를 못 이기고 타계하였다. 삼총사인 우리의 우정은 참교육의 현장에서 일생의 일부를 바치고 정리하였으니 국가와 국민교육에 작은 열정을 다하고 살았노라고 말하리라.

오늘 생각해 보니 70여 년이 지난 일인데, 어제 일처럼 생생하게 그 시절의 생활들이 한편의 다큐로 실감을 재인식 시켜준다.

나는 관포지교(管鮑之交)적 우정(友情)을 되새기며 우정의 진가를 재음미하고 둘도 없는 학창 시절의 붕우유신(朋友有信)이 대대로 이어지지 못한 마음을 아쉽게 생각하고 그리워하면서 다큐(Documentary) 한 편을 홀로 감상하는 87세의 고령이 되었다.

(2024. 1. 25)

어머님 전상서

"어머니~ 어머니가 보고 싶어요~."

어머니가 보고 싶어서 지난주에 설레는 마음을 한아름 안고 아침 일찍 서울 고속버스 타고 시간을 재촉하며 달려갔지요.

어머니 사랑 듬뿍 받으며 뛰놀던 고향 산천은 그대로인데 부모님이 자수성가로 이룩한 그 큰집은 형체도 없어졌고 그곳에 젊은 농군이 새집 지어 살고 있고, 수호신처럼 마음 의지한 100년 된 은행나무는 뿌리까지 뽑혀 흔적이 없고, 토실토실 익어 빨간 이빨을 드러내어 군침 돌게 하는 석류나무도 역시 구경할 수 없고 모든 것이 다 변해버린 것을 보니 정신이 멍하고 한 대 얻어맞은 것 같은 허탈한 느낌이었어요.

어머니 죄송합니다.

부모님이 고이 남겨 주신 재물을 건실하게 보존치 못한 불효자를 용서해주세요.

부모님 계신 동산에 가 보니 사촌 조카사위가 벌초를 일찍했습니다. 주변 다른 집 묘소는 숲이 우거져 보기에 흉물스러웠는데 우리 산소는 잘 관리하여 다행이라 생각하며 할아버지, 아버지 그리고 어머니께 인사드렸습니다. 항상 기복기도 하지만 어머니께, "우리 후손들 건강하고 매사에 이웃을 사랑하고 진실한 생활을 할 수 있도록 도와주세요." 또 기도 드렸습니다.

어머니 계신 곳에 오니 마음이 푸근하고 평온하며 어머니 말씀이 들리는 것 같아 기분이 새로웠습니다.

마을 선배들 따라 4km나 되는 읍내 고산국민학교에 다닐 때, 집에 오면 항상 어머니는 집에 계셨고 제 손을 꼭 잡아주시며 말씀하셨습니다.

"우리 막내둥이 힘들었지! 배고프겠다. 어서 밥 먹어야지…, 들어가자…."

청국장찌개를 오모가리에 끓여서 밥을 먹게 하셨어요. 방학 때는 어머니 자주 가시는 절에 따라가서 어머니는 불공드리시고 저는 누룽지를 맛있게 먹기도 했지요. 그리고 강 건너 부자로 사시는 외갓집도 자주 갔었지요. 어머니는 면장님 큰 딸로 귀하게 자라셔서 그 사랑이 저에게까지 내리사랑을 받는가 봅니다.

부생아신(父生我身) 모국오신(母鞠吾身)이란 말이 더욱 새롭게 느껴집니다. 어머니는 말씀이 적으시고 이웃을 지나칠 정도로 챙기시며 화를 아니 내시고 용서와 이해를 잘하시는 모습이 새롭게 생각이 납니다.

큰 형은 일본에 유학을 하고 작은 형은 도청 소재지의 학교에서 공부를 하게 하시고 저에게는 중학교 졸업 후에는 아버지의 뜻에 따라 농사일을 하도록 하시는 아버지의 계획에 결정적인 말씀은 없으시면서 안타까워하셨지요.

나이 어린 소견에 고등학교 교육을 더 하고파서 무작정 서울로 가출을 하였습니다. 결국에는 고학을 2년여 동안 하다가 병으로 귀가하여 요양 후 도청 소재지 고등학교를 마치고 사범대학으로 진학하여 대학 공부를 마치게 되었지만 그 이후부터는 집을 떠나서 객지

생활을 하면서 부모님께 불효를 하게 되었습니다.

대학 공부를 하였지만 돌이켜 보면 부모님께 엄청 큰 불효를 했다는 생각이 통곡해도 부족한 불효자입니다.

아버지는 일명 뇌경색 같은 병으로 고생하시다 62세에 돌아가셨고 어머니는 91세에 병고 없이 돌아가셨는데 부모님의 일상을 보면 아들로서 해야 할 도리를 다 못한 일들이 한두 가지가 아님을 통감하니 통곡을 하며 속죄를 한들 불효가 지워지겠습니까?

누구의 도움도 없이 객지에서 명예와 부를 앞세우고 생활을 하다 보니 상실(喪失)의 구덩이에 여러 번 빠져 온갖 고생을 하기도 하였습니다.

그럴 때마다 부모님의 생활 철학인 '인내와 용서 그리고 노력과 이웃사랑'을 생활신조로 생활을 하다 보니 고난의 터널에서 벗어날 수 있었습니다. 지금은 귀향이란 말을 할 수는 없지만 언젠가는 부모님 계신 곳으로 귀향을 해서 마지막 효성을 하고픈 심정입니다.

어머니!

후손 2세들은 다 같이 제 몫을 잘하고 있습니다. 부모님의 양육 철학이 바탕이 되어 남에게 피해를 주는 일이 없으며 열심히 노력하고 이웃과 더불어 덕을 베풀며 자기 소임을 잘하고 있습니다.

어머니…!

제 나이 금년 80입니다. 뒤늦게 불효자임을 깨닫게 되는 것 같습니다. 대학까지 공부해서 결과적으로 얻어진 것이 무엇인가요.

자식의 도리도 못 하고 한 몸 겨우 연명하는 주제에 고향 떠나 결과적으로 남는 것이 무엇이며 보여지는 것 또한 무엇인가 말이죠.

음력 3월 보름날 생일상 차려주신 어머니 그 밥상이 그립습니다.

제가 생일 밥상을 제가 차려 드려야 하는데 한 번도 실행을 못한 마음이 더욱 송구스럽습니다.

항상 부족하다고 생각하는 아들을 용서해주셨습니다.

제가 건강을 유지하는 날까지 열심히 살아 보겠습니다.

후손들과 불효자를 보살펴 주시고 지켜주세요.

평생 후회만 하며 살고 있는 막내가 어머니 생각이 간절하여 편지를 썼습니다. 아직도 철부지 같은 마음입니다.

열심히 살겠습니다.

2017. 9. 27.

막내아들 올림.

(『문학바탕』 2017. 10월호)

지팡이 같은 케어

"선생님 오늘은 날씨가 겁나게 따뜻해요. 몇 시에 운동하실래요?"

"그런 소리 말아요. 입춘 추위가 장독을 깬다는 데 그렇게 풍을 떨어요."

"바람은 약간 불어도 햇빛은 죽여주네요."

아침 11시에 방문한 요양보호사가 나에게 운동하기를 반 강요하는 말이다. 운동이라야 간단한 차림으로 걷기 운동이다.

매일 같이 하루에 적어도 일만 보를 걸어야 운동을 했다고 말하면서 요양사는 반 강요하듯이 케어를 하는 마음씨이다.

병원에서 퇴원하고 요양사의 케어 받고 있는데 어느 병원이나 의사 선생님은 걷기 운동을 꼭 하라고 주문하듯 반복해서 당부한다.

지난 7월에 SMC병원에 입원하여 복부대동맥 팽창제거수술을 하고 63일간 병원에 입원하고 있다가 물 한 모금도 못 먹고 10kg이나 몸무게가 빠진 상태로 퇴원했다.

수술 1주일 만인데 조무사와 간호사가 걷기 운동을 해야 한다고 귀가 아프도록 권유한 말이 아직도 귀에 쟁쟁하게 들린다. 병원에서는 수술하면 걷기 운동을 해야 방귀가 나온다고 하면서 걷기 운동을 시도 때도 없이 권유한다. 방귀가 나와야 물도 암죽도 먹을 수 있다는 것이다. 나는 배를 40cm의 길이만큼 개복수술을 하였다. 그런데 일주일이 지나도 변화가 없으니 다시 재수술을 했다. 그리고 하루에 5번 30분 간격으로 x-ray 촬영을 하여 진행 상태를 보았으나 역시 변화가 없으니 3차 개복수술을 하였다. 전신마취를 하고 개복수술을 하면 그 고통을 어떻게 표현해야 할지 상상조차 어려운데 그것을 세 번이나 했으니 환자를 사람으로 보았을까 하는 의아심이 든다. 얼굴색 하나 변하지 않고 회진하는 의사의 표정은 인상이 뻔뻔한 두꺼비 상이다.

87세의 노인의 배를 세 번이나 개복수술해 놓고 미안하다는 표정을 볼 수 없으니 양심도 양심이지만 의술을 의심하지 않을 수 없다.

병원은 우리나라에서 손꼽히는 일류 병원인데 의사의 실력은 돌팔이 행위로 보인다. 남의 생명을 존중하는 마음이 있었다면 이런 실수 같은 일을 했을까?

폴대에 주사약 봉지가 주렁주렁 매달려 있고 침대에 누워 있으면 등창이 생기니까 옆으로 누우세요, 한다. 몸이 돌아누울 수가 없다. 통증은 몸을 꼼짝도 못하게 한다. 그러면 진통제 주사약을 하루에 두 차례 넣어 준다. 마약이 들었다며 자주 맞으면 나쁘다고 제지를 하면서도 아프다고 아우성치니 최대로 두 번을 허락한다. 그러면 그 이후에는 통증이 언제인가 정도로 깨끗한 상태라 그땐 살맛이 난다고 할까. 그것도 잠시 어느 곳부터 통증이 오는지 하늘이 빙빙 돈다.

그러니까 처음 수술은 대동맥을 인조로 교체하고 내장을 잘 정리해서 덮어야 하는데 적당히 하고 덮어버렸으니 정상이 아니라 내장 담당의사가 다시 개복을 했으면 잘 정리해서 덮어야 하는데 그것도 미숙한 상태라 다시 개복하여 내장을 자르고 정리 후 덮어서 다행스럽게 완전한 결과를 본 것인데 명색이 일류 의사라는 명의들의 직업관이 돌팔이 행태로 보인다.

세 번의 수술 후 살기 위하여 오전에 한 번 오후에 한 번의 걷기 운동을 하는 데 병실 복도를 개미 쳇바퀴 돌 듯 돌아야 하는 데 혼자서는 위험하니까 조무사 여성분이 동행을 한다. 처음에는 한 바퀴 도는 데 10분 걸리고 다음부터는 1분가량 시간이 단축되면서 걸음걸이도 보폭을 좁고 빠르게 반복적으로 해야 한다. 물론 오른손으로는 폴대를 잡고 걸어야 한다. 이렇게 걷기 운동하는 환자는 5~6명을 만나게 된다. 정상적인 수술을 하면 10일 이내로 퇴원을 하기 때문에 만나는 환자는 자주 얼굴이 바뀐다.

나는 63일간을 있었으니 16층의 병실 환자들의 모습을 대충은 알 수 있으며 간호사와 조무사들의 얼굴과 이름까지도 근무 교대 시간까지도 알게 되어 참으로 어느 때는 참담한 신세 타령이 절로 나온다.

사실 따지고 보면 의료사고인 것은 사실인데 환자인 내가 무어라고 말을 할 수 있는가?

이런저런 사정을 생각한들 먼저 완치가 우선인데 하고 싶은 말이 많아도 꾹 참고 퇴원하는 날만을 기다릴 뿐이다. 6인실에 있으면서 다른 환자 5인은 정상적으로 하루 세 끼 식사를 하는 데 나는 물 한 모금도 못 먹으며 주사약으로 목숨을 유지하는, 마치 이슬 먹고 사는 여치 신세꼴이다.

침대에 앉아서 배식 된 식판을 앞에 놓고 식사하는 모습은 표현이 다양해진다. 마치 사육장의 동물들이 배식시간에 동시에 먹이를 먹고 있는 그림이다. 이런 모습을 보고 있는 나의 꼴은 가난한 집 아이가 밥이 없어서 식사를 못하고 다른 아이들의 밥 먹는 모습을 부러워하며 보고 있는 안타까운 사진이다.

다른 환자들은 식사하고 활동도 활발하게 하면서 퇴원 날짜가 나왔다며 마치 군대에서 휴가 가는 신병처럼 좋아한다. 가족들이 와서 퇴원 보따리를 챙기며 먼저 갑니다라고 간단한 인사로 휙 나간다.

퇴원 날도 예측 못하는 처지가 되고 보니 패잔병 병동 같은 기분이다. 하루에 3교대를 하는 간호사와 조무사들은 항상 즐거운 표정으로 환자에게 정성을 다하지만, 장기 환자에게는 손발이 뜸해진다.

결국은 물 한 모금 못 먹어 보고 63일 만에 퇴원을 하였으니 거울에 비친 내 모습은 핏기없는 얼굴에 날씬 허약 모습으로 바람에 쓰러질 것 같은 겨울의 나목처럼 애처로워 보인다.

비워둔 집에 오니 천상에 온 안정과 평온 그리고 행복감이 마음을 차분하게 잠들게 한다.

환자 케어 한다고 온 요양사는 생각하기보다는 사무적이고 시간 채우기로 일과를 진행한다. 물론 직업적이니만큼 더 이상 요구사항도 억제하고 우선은 나의 건강관리가 우선이다.

아무리 의술이 최고일지라도 인성이 부족한 의술은 결과적으로 불신만 남기게 된다. 마찬가지로 요양사 역시 케어를 사무적으로 한다는 것은 믿음이 부족하고 형식적이며 사무적이라 클라이언트에게는 실망을 줄 뿐이다.

상호 협의에 의하여 3번의 교체가 되었지만, 인성이 중요한 것을 실감하게 된다. 비록 직업상 케어를 하지만 공경심으로 해주면 케어로 인하여 건강을 회복하는 과정에서 큰 기대를 하게 된다.

하루에 두 시간을 걷기 운동을 동행하고 간단한 집안 정리와 청소 등을 해주는 시간은 피차간에 행복을 가지게 된다. 클라이언트가 필요한 것을 찾아서 해주면 짧은 3시간이지만 상호 간에 유효적절한 시간으로 참삶의 가치를 얻게 된다고 말하고 싶다.

걷기 운동을 해야만 건강을 회복하는데 우선적인 일인데 아직은 지팡이를 짚어야 하고 요양사는 위험을 보호해주는 지팡이가 되어 주고 있다.

(2023. 12. 15)

진솔한 삶의 향기

오경자
(수필가, 문학평론가, 국제펜한국본부 부이사장)

수필을 삶의 기록이라 하면 비문학적 얘기가 되려나?

구연민의 수필은 마치 낮은 자세로 독백처럼 바치는 고해성사와 같이 진솔하다 못해 경건에 가까운 글이다. 마치 보고서를 쓰듯이 자신의 삶을 기록해 놓은 것이 구연민의 수필이라 할 수 있다.

궤적을 무심하게 털어놓는데 군더더기 없는 필체가 수필의 진수를 보여주어 매력이 있다. 특별한 구성없이 있는 대로 써 내려가는데 그 속에 기승전결이 있어 독자의 가슴을 설레게 한다. 우리 삶이 바로 우여곡절로 점철되어 있어 그 자체가 곧 기승전결임을 발견하는 순간이다. 거기서 독자는 깊은 감동을 받는다. 바로 내 이야기를 쓴 것 같아서 그렇다. 그래서 수필에서의 솔직성이 중요하고도 중요하다는 것을 실증으로 보여주는 것이 구연민의 수필이다.

의식주의 해결이 급급한 어린 시절을 겪지 않았지만, 학업을 계속하기에는 버거운 가정형편 때문에 일찍 타향에 가서 고학을 하는 일들도 아주 담담하게 그려내고 있다. 그에게 학업을 계속 시키지 않으려 했던 아버지의 의도는 집안 농사를 지켜나가라는 의도였지 꼭 형편이 어려워서 그런 것은 아니었다. 그렇다면 자력으로 해보겠다는 의지로 학업의 길을 택한 구연민은 공주사범대학을 나와 교사의 길로 접어들어 비교적 안정된 출발을 한다. 그러나 웬일인지 운명의 신은 그에게 엄청난 시련을 불어 닥치게 한다. 별생각 없이 서 준 보증 때문에 태풍 같은 회오리를 만나면서 그는 기구한 일을 겪는 비운에 처한다.

세상사는 한 치 앞도 알 수 없다 했던가? 그 기막힌 사건으로 인해 나락으로 떨어진 구연민은 그 고초를 겪는 이야기를 어찌나 담담하고 간결하게 써 내려가고 있는지 경이롭다. 바로 그 글들로 해서 그는 작가의 길로 들어서게 된다. 환란 중에 기도의 끈을 놓지 않은 그에게 하느님은 약속대로 그를 빛으로 이끄셨는지도 모른다.

서문에서 구연민은 이렇게 소회를 적고 있다.

> 예고 없이 쏟아지는 장맛비를 맞으면서도 피하지 않고 겨울에 예상치 못한 폭설이 반신 높이 쌓여도 자연의 섭리로 하느님의 가르침의 한 편 기록으로 거부하거나 역행을 생각지 못했습니다. 일상의 한 부분으로, 길이 없는 깊은 산길에도 모든 걸 하나의 운명으로 매사에 인내와 포용을 앞세우면서 빈 주머니 주먹으로 채워가며 공기와 같이 존재하는 하느님의 은혜를 신봉하면서 자신의 건강과 자손들의 안녕을 기도의 제목으로 자리를 지켜왔습니다.

그는 자신은 산전수전 물결 중에 덕불고(德不孤) 필유린(必有隣)을 앞치마 삼아 살아오며 기억에 남는 작은 사연들 모아 힘 빠진 범띠 인간의 읊조린 소리를 엮어 보았다고 이 책의 발간 이유를 밝히고 있다. 이 사상이 구연민 수필의 기본 철학이라 해도 과언이 아니다. 그는 이 사상에 의지하여 어려움도 견디고 선하게 살아올 수 있었음을 써 내려감으로써 그의 수필을 삶의 아취가 풍기는 품격 있는 수필로 승화시킬 수 있었다. 견디기 힘든 시련 앞에서도 원망하거나 한탄함이 별로 표현되지 않는 그의 수필은 독자에게 삶의 의욕을 북돋아 줌과 동시에 삶에의 외경심 같은 것을 가슴에 품을 수 있게 해준다고 하겠다.

구연민의 수필은 성찰이 우선이다. 항상 자신에게 모든 문제의 책임을 돌리는 자세는 절망에서도 좌절하지 않고 희망을 갖고 도전하는 힘이 된다. 그런데 구연민의 수필은 이 대목에서 결연한 의지의 천명 같은 선언적이거나 교훈적인 표현을 하지 않는다는 점이 주목거리다. 그래서 향기 나는 수필이 된다.

> 나는 어려서부터 부모님이 이웃에게 봉사적인 사랑을 실천하는 모습을 보았는데 살다 보면 애경사에 그 반응을 쉽게 판단할 수 있었다. 내가 할 수 있는 능력 범위에서 이웃을 챙기면 평소에는 잘 모르지만 내가 힘들 때는 주변에서 모두 도와주어 쉽게 처리하는 경우도 있었다. 그래서 덕불고(德不孤) 필유린(必有隣)이란 말이 하나의 격문이기도 하다.
>
> 세상을 등진 사람이 무엇을 알겠는가마는 장례식장을 보면 그 사람이 살아서의 행적을 알 수 있어 결국 그 후손에게도 위로와 존경의 마음을 가지게 된다고 평하고 싶다.
>
> -「덕불고 필유린」 중에서

평소 존경하던 지인의 장례식에 다녀오면서 어떻게 사는 것이 바람직한 것인지를 간결하고 담박하게 삶에서 보아온 예를 들면서 거부감 없고 자연스럽게 풀어내고 있다. 이것이 구연민 수필의 본령이라 하겠다.

이와같이 죽음의 체험을 통하여 앞으로 나를 재인식하고 살아 있는 시간에 봉사적인 생활을 하자고 다짐한다. 살아 있을 때 재능기부를 통하여 내 이웃과 사회에 기여할 수 있는 삶이 행복의 바탕이라고 생각하면 무소유(無所有)의 의미를 알게 될 것이다. 저승사자가 관 뚜껑을 열기 전에는 정적 속에서 나 자신을 다시 생각할 수 있는 기회로 육신이 멈춘 듯하였다.

체험을 마친 회원들의 표정과 분위기는 말이 없고 숙연한 자세로 개과천선(改過遷善)한 모습으로 보인다. 살아있는 시간이 중요한 시간임을 재인식하고 재음미하자며 서울로 돌아오는데 아주 큰 변화를 얻은 여행이란 생각이 들었다.

-「죽음, 한 번의 체험」 중에서

우연히 죽음체험이란 엉뚱한 프로그램에 참여하면서 삶과 죽음이라는 것을 심각하게 생각하게 된 이야기를 담담하게 썼다. 이런 글에서 작가는 흥분하거나 지극히 초연해지는 신비감 같은 것에 휩싸여 과장되거나 과대망상적인 표현에 빠질 위험이 있는데 이런 함정들을 잘 피했다. 지극히 객관적인 입장이 되도록 평형을 유지하면서 써 내려간 구성을 주목할 만하다.

구연민은 교육자답게 수필을 통해 바람직한 방향으로 나아갈 것을 조용히 전하고 있다. 전혀 강요한다거나 엄중하게 경고하면서 하는 방식이 아니라 소곤거리듯이 주제를 전하고 있다.

우리 국민들은 근현대사를 통하여 엄청나게 성숙했습니다. 나이 든 어르신들이 보기도 놀라울 정도로 영특하고 감각도 예민하면서 자기판단도 지나칠 정도로 예리합니다. 그러나 나이 든 노인들의 판단은 항상 온고지신적인 판단을 조심성 있게 하기 때문에 실수를 줄이는 편이지요. (중략)

시기적으로 혼란스러운 사회 분위기일수록 바른 판단을 해야 하고 진실을 외면하는 습성은 버리고 군맹무상이란 사자성어를 다시 한번 생각해 봅시다.

-「군맹무상」 중에서

장님 코끼리 만지기라는 익히 잘 알려진 예화를 불러내서 할 말을 하고 있는 이 대목은 수필에서 비유가 얼마나 중요한 것인가를 잘 설명해 주고 있다.

회고는 자신의 체험을 바탕으로 해서 쓰는 수필에 있어서 빼놓기 힘든 글감이다. 바로 이 점이 회고를 쓰기 힘든 대상으로 만든 주원인이라면 얼른 이해가 가지 않을 수도 있다. 대부분의 수필에 어떤 형태로든지 회고가 들어가기 때문에 웬만큼 잘 쓰지 않고서는 돋보이기 힘들어서 그렇다. 게다가 천착하기 쉬운 함정이 도사리고 있어서 어렵다. 회고 중에서도 '고향' 이야기는 거의 모두에게 있고 그 대상이나 상념이 비슷한 경우가 많아 차별화시키기가 매우 어렵다.

구연민은 이 대목을 몇 편으로 나누어 쓰는 형식으로 하고 싶은 말을 하면서 회포를 풀고 있다. 형제자매 이야기, 학교생활 이야기, 6.25전쟁 중의 기막힌 이야기들을 따로 담아내는 수필은 담담하게 기록물같이 쓰면서 그 안에 각각의 주제를 나름대로 담아내는 데 성공하고 있다. 특히 전쟁 이야기는 처절한 형상을 사경적으로 표현하면서 군더더기 없이 써 독자에게 오히려 큰 울림으로 다가간다.

온 가족들은 맹수 앞에 생쥐 꼴로 목숨만 살려주면 감사하다는 심정으로 모두 다 가져가도 좋으니 마음대로 하라는 식이다. 그들이 가고 나면 마을은 온통 통곡소리만 가득할 뿐 누구에게도 하소연이나 분풀이도 못 하고 하늘 보고 개 짖는 꼴이다. 날이 밝아 마을에

> 서는 누구네가 끌려가고 누구네 소가 없어지며 누구네 집 아저씨는 대창에 찔려 피를 흘리고 있다 한다.
>
> 해가 뜨고 나면 읍내에서 전투경찰 3명이 나와서 별일 없느냐는 식으로 말하고 지나간다.
>
> -「고향 3」 중에서

상황에 대해서 작가의 소회나 해석을 일체 생략함으로써 수필의 담백한 맛을 한층 살리고 있는 표현을 눈여겨볼 만하다.

수필은 체험 속에서 글감을 찾아 쓰는 글이다 보니 자신의 이야기가 많고 거기에 주제를 곧게 세워야 하기에 세상사, 인생사에 대한 작가의 재해석이 들어간다. 이 부분에서 자칫하면 교훈적인 강해같이 될 위험요인을 안고 있는 글이 수필이기도 하다. 구연민의 수필은 그런 함정에 전혀 빠지지 않고 의연하게 사실만을 써 내려간다.

나눔이나 베풂이나 봉사 등의 체험을 글감으로 해서 쓸 때도 자칫 자랑으로 흐르기 쉬운 위험은 당초에 없고 오직 성찰만을 잊지 않는다. 이런 표현이 독자의 마음을 훈훈하게 하고 고개를 끄덕이게 한다. 잔잔한 감동을 조용히 몰고 오는 것이 구연민 수필의 특징이라 하겠다.

> 우리는 모두 '나'라는 낱 단위에서 출발하지만 나눔과 공존의 의미에 눈을 뜨면 '작은 나'는 죽고 모두가 하나되는 우주적 자아(自我)가 눈을 뜹니다. 나누는 마음, 그것이 곧 모든 것을 여는 마음입니다.
>
> -「나눔과 열림」 중에서

나눔이나 베풂을 이야기하면서 자신이 잘한 것을 나열하는 것이 아니라 하지 못했던 것에 대한 깊은 성찰이 주를 이루니 아취가 있는 수필이 됨과 동시에 주제를 선명하게 형상화하는 데 성공했다.

또 뒤의 작품에서는 작은 나눔 하나에서 우주적 가치관으로 이야기를 승화시켜서 수필의 무게를 더해 주고 있다.

여유와 감사 그리고 적응은 누구나 선망의 대상으로 삼는 일들이다. 특히 노년에 든 사람들은 이런 일들을 몸에 배게 하고 싶어 노력하지만 쉽지 않다. 하지만 젊은 날보다 훨씬 이 복을 누리기 쉬워져서 그 자체에 감사하기도 한다. 이런 심경을 잘 담아내고 있는 것이 또한 구연민 수필의 한 대목이다.

> 삶아 논 밤을 먹어가며 흘러간 옛 노래 감상하면서 유유자적(悠悠自適)의 마음으로 찐 밤과의 대화를 시작한다. 5대 영양소가 가득 담긴 잘생긴 밤 한 톨을 손에 들고 작은 식칼로 힘주어 두 동강이로 절단한다. 아파도 아무런 반응 없이 하얀 속살이 찌그러진 달 모양으로 두 개가 된다. 작은 수저를 하얀 속살 가부터 진입하면 하얀 속살이 수저 안으로 가득 담겨 나온다. 상대가 없으니 무조건 누구 눈치 볼일 없이 내 입으로 직행이다. 부드럽고 담백한 그 맛은 나이 든 입에도 촉감은 여전하다.
>
> -「찐 밤을 먹으며」 중에서

삶의 여유를 특별한 의미부여나 해석 없이 찐 밤을 먹는 장면을 씀으로써 진솔하고 담담하게 풀어내고 있다. 그 자체가 바로 여유이다.

> 쑥과 나물을 뜯으려고 가끔 무리 지어 배랑 같은 자루를 메고 주먹밥을 챙겨 들고 하루 종일 시간 들여 다녀오면 어머니는 쑥국도, 쑥개떡도 나물 가득 요리해서 가족들의 식사를 때워 주신다. 집 인근에는 쑥과 산나물이 없으니까 50여 리 떨어진 동산면 산골짝으로 원정을 하기도 한다. 이런 식생활의 전부가 그 시절의 참상이지만

어느 누구도 나라에 불평이나 원망도 하지 않고 각자 자기 생활에 정신 없이 열심히 살고 있었다.

그 시절 쑥밥을 먹어 본 사람이 지금도 쑥밥을 면치 못하고 가난 속에서 욕심 없이 살고 있는 어르신들도 있다.

-「쑥밭 찾아 50리」 중에서

노력에 대한 단상을 씀으로써 인생이란 것에 대한 작가의 재해석을 은연중에 내비치고 있다.

노인들의 여가활동 설계라는 다소 딱딱한 내용을 엮어가면서 쑥을 뜯는 한가롭고 정겨운 장면을 삽입해서 주제 형상화도 돕고 봄의 정취를 흠뻑 독자에게 전하는 은유적 효과를 내고 있는 작품이다.

수필에서 어머니와 그리움은 그 말만 들어도 눈가가 젖어오는 글감이다. 구연민은 어머니의 청국장에서 담백하게 어머니의 회고와 그리움을 풀어내고 변해버린 고향산천에서 급속하게 변하는 현 상황에 대한 적응을 그려내고 있다.

평소에도 말씀이 없는 인자하신 내 어머니가 옆에서 흐뭇해 하시면서 밥 먹는 나의 모습에 더 이상 바랄 것이 없으신 것처럼 만족스러운 표정은 행복해 보인다.

겨울이면 항상 청국장을 만들어 큰 단지에 넣어 두었다가 겨우내 먹는다. 아버지는 "콩은 밭에서 나는 쇠고기란다. 한겨울 내내 청국장을 만들어 먹으면 소 한 마리 먹은 거나 마찬가지란다."라고 청국장 예찬을 펴신다. 그렇지 않아도 맛이 있는데 그렇게 말씀하시니까 맛이 앞서가는 느낌이다. 어머니의 음식 솜씨는 변함이 없다. 항상 그 맛이기 때문에 혹시 다른 집에서 가져온 반찬을 맛보기로 가져왔다면 바로 알아볼 수 있다. 어머니의 두툼하고 손가락이 짧아 보이지만 그 손으로 만든 음식 맛은 우리 가족의 건강을 튼튼하게 하는 신비의 손과 같다. 가끔 아버지가 장에 다녀오시는 날에는 멸치 몇 마리가 들어가면 별미로 감칠맛이 진수성찬으로 새롭다.

-「어머니 청국장」 중에서

구연민은 사회적인 문제의식이 강하다. 그런 주제를 다루되 객관적이고 담담하게 접근해서 거부감이 없이 주제를 잘 소화하고 명확하게 형상화해서 독자의 가슴에 새기게 하는 수필을 쓴다.

세계 투자계의 거장들이 투자를 결정할 때도 꼭 어떤 결과나 돈을 벌기 위한 판단을 하지 않을 것이라는 것을 줄탁동시를 곰곰 생각해보며 느끼고 있다.

그 줄탁동시의 화음, 그건 어느 때 비로소 듣고 응답하는 것일까? 누구나 인정하는 스펙이나 이력, 화려한 업적들도 때론 사양되고 만다는 것을 수없이 봐 왔다.

그 어떤 샤머니즘적인 동감과 감동, 어떤 철학적 교감이 있을 때 깨고 나오려는 자와 그 껍질을 적절한 시기에 쪼아주는 인연은 만나게 되어있다. 그런 관계야말로 진정한 줄탁동시의 인연이 아닐까 한다.

-「줄탁동시」 중에서

병아리가 알을 깨는 잘 알려진 친숙한 예를 들어서 민감하고 전문적인 일을 무심한 듯 풀어낸 솜씨가 눈길을 끄는 작품이다.

작가가 나락으로 떨어졌을 때의 일기 같은 글들은 긴박감이 있고 재미있는 작품이다. 솔직한 표현이 좋고 꾸밈없이 그대로 표현해서 생동감이 있다. 평생 교직에 있으면서 제자들을 통해 다양한 세상을 보고 자신의 어려운 시절의 엉뚱한 세상 경험을 수필로 승화시킨 구연민의 작품은 있는 그대로 한 편의 대서사이다.

출간을 축하합니다!

국립 공주사범대학 제11회 동기는 1961년 졸업하고 교육 현장에서 반백 년 헌신 근무하며 후배 양성에 심혈을 다하였습니다.

정년 퇴임하고 옛정이 그리워 만나 보니 그 시절 모습은 변하고 변하여 육신마저 성한데 없이 90성상(星霜)에 가까웠으니 만남만이 다행으로 돌아가기 전에 한 번이라도 더 얼굴을 보며 우정을 다지기 위한 오늘의 마음이 기쁨이라오.

각자가 변하고 변하여 왔는데, 월산(月山) 구연민(具然旻) 동지는 수학을 전공했지만 뒤늦게 문학(文學)에 접목하여 인생 비하인드 스토리 수필집 『만월산(滿月産) 호소(虎嘯)』를 발행함에 우리 곰두리 회원들은 진심으로 축하하며 더욱 건강하시고, 건필해 주시기를 바라면서 기록으로 남깁니다.

2024. 4. 16

김학광 민홍기 안행규 윤도중

도현주 이상용 민병섭 육범수

만월산 호소

구연민 수필집

2024년 5월 15일 초판 인쇄
2024년 5월 20일 초판 발행

지은이 / 구연민
발행인 / 강병욱

발행처 / 도서출판 교음사
편집 / 수필문학사 편집부

03147 서울 종로구 삼일대로 457 수운회관 1308호
Tel (02) 737-7081, 739-7879(Fax)
e-mail : gyoeum@daum.net
등록 / 제2007-000052호

* 잘못된 책은 바꿔 드립니다. 값 15,000원

ISBN 978-89-7814-985-3 03810